Première édition juillet 2018
Dépôt légal : août 2018

ISBN-13 : 978-1726358675
ISBN-10 : 1726358674

Prix : 14,90 € TTC

MATHIEU BARBIER • YOANN SARELS

ORGANISATION Z

Une organisation concrète
basée sur les principes de l'entreprise libérée

TABLE DES MATIÈRES

INTRODUCTION

l existe aujourd'hui beaucoup de littérature sur les "nouvelles" formes d'organisations et en même temps assez peu de livres décrivent concrètement comment ce type d'entreprise fonctionne au jour le jour. De plus en plus d'entreprises se tournent aujourd'hui vers un mode de fonctionnement plus horizontal, basé sur la confiance. On découvre aujourd'hui que certaines entreprises fonctionnent déjà comme cela depuis des dizaines d'années. Ces entreprises ont décidé de briser tous les anciens carcans traditionnels : peu, voire pas de managers, pas d'horaires, congés illimités, pas de planning, des salaires choisis directement par les salariés … Les exemples sont nombreux mais souvent parcellaires et peu précis. Nous essayons de remédier à cela dans ce livre en fournissant un cadre complet et concret pour libérer les entreprises.

Tous ces changements ne sont pas venus de nulle part. Ils sont souvent le fruit d'une longue réflexion de la part des dirigeants de ces entreprises. Toutes n'ont pas choisi d'aller aussi loin que les processus décrits dans ce livre mais toutes partent de la même idée simple : il faut faire confiance aux salariés. De cette idée découlent tous les grands piliers de ces nouvelles organisations : gouvernance, stratégie, vie quotidienne, gestion … Ils ont été poussé à réinventer complètement tous ces éléments en changeant de paradigme. À quoi ressemble une entreprise sans patron ? Comment réaliser des projets sans stratégie et sans managers ? Comment rémunérer des salariés sans postes clairement établis ? Nous avons apporté des réponses à toutes ces questions et c'est ce que nous allons vous présenter dans ce livre. Nous avons rassemblé l'ensemble de ces réponses sous un nom : l'*Organisation Z*.

La lettre Z fait référence à la génération née après le milieu des années 1990 et qui va changer le monde de l'entreprise, et sûrement le monde tout court. On les appelle la génération Z mais ils auraient mérité de s'appeler la "génération A". La première d'une nouvelle ère. Ce sont les premiers à être nés dans un monde où la connaissance est infiniment accessible (pour ceux ayant un accès internet). Les premiers à pouvoir tout savoir d'un clic. Et cela change profondément leur rapport au monde, à l'entreprise et au travail. Ils n'ont plus l'objectif de trouver un travail confortable qui leur assure un salaire régulier. Ils veulent un travail qui ait du sens, un travail qu'ils ont choisi en fonction de leurs valeurs, de ce qu'ils veulent. C'est pour cette génération que nous avons mis en place l'Organisation Z. Ils voient le travail comme une des activités qui rythment leur vie mais ils ne se définissent pas par rapport à celui-ci. C'est ce qui est attendu des gens qui travaillent dans l'Organisation Z. Ils peuvent alors collaborer avec l'entreprise pour construire un projet commun. C'est de l'alignement de ces deux projets que naît une collaboration dans la confiance. Ce projet que mène l'entreprise est défini dans sa vision. C'est avec cette vision qu'elle avance et qu'elle recrute des personnes qui la partagent. Nous voyons l'entreprise comme un endroit où des chemins se croisent, pas comme un endroit où "gagner sa vie". A l'image des autres activités de la vie (club de sport, amis, associations, …) l'entreprise doit trouver sa place en apportant quelque chose de positif aux salariés. Et elle doit surtout avoir du sens dans leur vie. Ils font le choix d'apporter leur capacité de travail à un projet et ils sont récompensés pour cela par la structure qui les accueille.

Cette vision de l'entreprise comme une des composantes de la vie, au même niveau que toutes les autres change là aussi son organisation en tant que structure. L'organisation doit pouvoir s'adapter à ce que chaque salarié souhaite apporter à son projet. Il ne faut pas avoir une réponse unique et figée à leur apporter. Chaque personne est différente et choisit de s'investir différemment, à l'entreprise de proposer un cadre qui permet de le faire dans les meilleures conditions.

Cette relation au travail et son acceptation par l'entreprise ouvre un espace d'épanouissement important pour tous les salariés. C'est lorsque les valeurs, les projets et les conditions de travail sont clairement définis et validés, à la fois par le salarié et l'entreprise, qu'une relation de confiance peut s'instaurer. Une fois ce cadre clairement établi, chaque salarié peut faire tous les choix qu'il juge bons pour faire progresser l'entreprise avec une très grande autonomie. Et s'il peut les faire c'est qu'il a toutes les informations nécessaires à sa disposition. On retrouve ici la spécificité de la génération Z et sa facilité à traiter une grande quantité d'informations. L'accès aux outils numériques et la capacité à communiquer efficacement avec un très grand nombre de personnes à la fois permet de prendre conseil rapidement et de trancher des choix parfois complexes. Une seule personne peut alors décider en quelques heures de choses qui auraient pris un nombre incalculable de réunions avec des dizaines de personnes dans une structure traditionnelle. Cette capacité de prendre des décisions efficaces et rapides est au coeur de ce fonctionnement.

Cela est également rendu possible par une acceptation naturelle de l'erreur. A l'image du processus de l'évolution, l'Organisation Z fonctionne par essais et erreurs. Il est plus efficace de prendre une décision rapide, quitte à se tromper, que de passer un temps infini à planifier. Il faut accepter son incapacité à prédire le futur dans ce monde où les technologies et le progrès avancent à un rythme que personne ne peut suivre. Pour suivre au mieux ces grands changements nous misons sur l'agilité et la capacité à "sentir" le monde tel qu'il est et tel qu'il évolue.

La lettre Z fait également référence à la Théorie Z de William Ouchi[1]. Cette théorie, développée par le docteur Japonais William Ouchi dans les années 1980, est également connue sous le nom de "management Japonais". Ce style de management repose notamment sur l'hypothèse que les travailleurs souhaitent développer des relations épanouissantes avec leurs collègues et managers. Elle repose également sur l'idée que l'entreprise doit soutenir et aider le salarié à s'épanouir dans son travail notamment au travers d'une culture et de valeurs d'entreprise fortes. Même si certains autres points sont un peu moins en accord

---

[1] *Theory Z* de William Ouchi, New York: Avon Books, 1981

avec notre conception de l'entreprise (l'idée d'un travail à vie dans la même structure, la progression lente dans les responsabilités, …) nous nous retrouvons globalement dans cette vision du management (droit à l'erreur, carrière non spécialisée, relations saines entre collègues …).

Bien que l'Organisation Z ait été créée avec la génération Z à l'esprit, elle fonctionne tout aussi bien pour toutes les autres. Pas besoin d'avoir vingt ans pour adhérer à cette conception du travail et de l'entreprise. Les seules conditions nécessaires pour s'adapter dans ce nouveau fonctionnement sont de se connaître et d'apprendre à maîtriser son égo. Se connaître d'abord parce qu'il est indispensable de maîtriser son propre projet de vie, ses valeurs et ses compétences pour les confronter à celles de l'entreprise et y trouver sa place. Une personne qui ne sait pas ce qu'elle veut faire ou dans quelles conditions elle se plaît à évoluer aura du mal à trouver son rôle et des projets qui l'intéressent. L'ego ensuite car c'est l'ennemi de la confiance. S'inscrire dans l'Organisation Z nécessite de maîtriser son ego car il est la représentation des peurs et des luttes de pouvoir de l'entreprise. Il est important de faire valoir ses idées et ses convictions mais il faut savoir aussi le faire avec intelligence et mesure. On ne peut réussir à avancer et à se développer ensemble que si l'on est capable d'écouter l'autre et de lui faire confiance sans avoir peur de ce qui pourrait arriver.

A PROPOS DE CE LIVRE

Nous avons créé notre première société en 2012. Quelques années plus tard nous avons ressenti que le temps était venu pour nous de changer la façon dont nous l'avions organisée. Nous avions, depuis sa création, un fonctionnement dans lequel nous donnions beaucoup de libertés à nos salariés mais toujours avec une organisation hiérarchique alors même que nous étions très peu nombreux. Nous ne savions tout simplement pas qu'une autre organisation était possible. Avec la diffusion de plusieurs reportages ou la publication de livres, notamment le documentaire *Le Bonheur au Travail*[2] de Martin Meissonnier diffusé sur Arte et le livre

---

[2] *Le bonheur au travail* de Martin Meissonnier, ARTE France, Productions Campagne Première 2014

Reinventing Organizations[3] de Frédéric Laloux, nous avons pu découvrir d'autres formes passionnantes d'organisations. Cela nous a ouvert les yeux sur notre propre façon de faire. Nous espérons que le livre que vous avez entre les mains aura le même effet pour vous : vous permettre de développer une organisation qui réponde à ce que vous pensez profondément juste.

Ce ne sont pas les mots mais les actes qui convaincront les collaborateurs de s'engager dans la voie de l'autonomie et de la responsabilisation. La transition vers un stade opale[4] débute généralement par un ou plusieurs actes forts. La suppression de la hiérarchie, la transparence de certains documents, etc. C'est ce que nous avons appelé le "grand saut". Il s'agit d'un saut dans l'inconnu, où la destination finale n'est pas toujours parfaitement identifiée. C'est une étape à la fois excitante et angoissante, où la marche arrière est, moralement parlant, difficilement possible. L'objectif de ce livre est justement de clarifier un peu la destination vers laquelle emmène cette transformation.

Ce livre n'est pas fait pour vous convaincre qu'il faut un changement dans l'organisation des entreprises. Il est fait pour encourager votre envie d'apporter des changements dans votre société. Il est fait pour nourrir la réflexion de tous ceux qui sentent que le temps est venu de vivre et de faire vivre l'entreprise autrement. Il est essentiellement fait pour les personnes qui sont en capacité de changer profondément la façon de fonctionner de leur société mais il peut aussi servir à tous. Pour tous ceux qui pensent que le modèle traditionnel a fait son temps et qu'il est l'heure de changer tout ça. Il est fait pour ceux qui souhaitent mettre en place un autre modèle plus adapté au monde d'aujourd'hui et aux générations de demain.

Ce livre n'est pas non plus un témoignage de notre histoire. Il n'a pas pour objet de raconter avec précision ce que fait notre entreprise ni comment nous l'avons transformée au jour le jour. Ce n'est pas un compte-rendu de nos succès et de nos échecs mais une synthèse de toute l'expérience que nous avons acquise au fil des années à la fois dans notre

[3] *Reinventing Organizations* de Frédéric Laloux, Nelson Parker 2014
[4] Le stade opale est défini par Frédéric Laloux comme le dernier stade de développement des organisations dans lequel se situe l'Organisation Z.

entreprise, dans nos lectures et au contact d'autres dirigeants engagés dans cette transformation. Nous n'allons donc pas prendre notre société en "exemple" pour plusieurs raisons. La première c'est qu'il serait facile de penser que nos processus ne marchent que chez nous à cause de tel ou tel détail de notre structure ou de notre métier, ce qui empêche de se projeter sur sa propre situation. La seconde c'est que nous écrivons ce livre pour inspirer les autres pas pour nous mettre en avant. La troisième c'est que ce livre présente une version "idéale" de tous les processus. Nous ne les avons pas tous mis en place exactement tels quels dans notre entreprise (de par sa taille et son métier).

Ce livre décrit donc concrètement une série d'idées et de processus pour organiser une entreprise. Ce n'est pas un livre sur le "pourquoi" de l'entreprise libérée mais sur le "comment" de l'entreprise libérée. Nous avons rassemblé un grand nombre des processus mis en place sous le nom commun d'Organisation Z afin d'en faciliter la compréhension. Il a été écrit pour être aussi concis et clair que possible. Ce que nous proposons s'inspire de beaucoup d'autres compagnies qui ont suivi le même chemin que nous (Favi, AES, Buurtzorg, Holacracy inc., Valve, …). Nous ne décrirons pas en détail le fonctionnement de ces entreprises, mais si vous souhaitez en savoir plus nous vous conseillons de lire le livre de Frédéric Laloux qui décrit avec beaucoup de clarté comment certaines d'entre elles opèrent. Chaque chapitre d'Organisation Z est néanmoins accompagné d'une partie "concept" qui est plus un résumé qu'une présentation exhaustive du "pourquoi" des processus mis en place.

Chaque homme est unique, chaque entreprise l'est également. Nous avons la conviction que le modèle d'organisation proposé dans ce livre peut s'adapter à toutes les sociétés, quel que soit son domaine d'activité, ses effectifs ou son organisation actuelle mais pas sans certains ajustements. Ces processus sont issus de notre expérience personnelle ainsi que de nombreux témoignages, lectures ou partages d'expériences. Nous ne présentons qu'une seule solution et dans bien des cas il sera nécessaire d'adapter en profondeur certains éléments pour les appliquer chez vous. Tous les processus présentés sont le fruit de nombreux essais et erreurs. Il en sera surement de même s'ils sont mis en place dans une autre structure.

CONTENU DU LIVRE

Ce livre est découpé en trois grandes parties : préparation, fondations et processus. Elles représentent le cheminement habituellement suivi dans la transformation des entreprises.

La première partie nommée "La Préparation" présente le travail nécessaire avant de pouvoir changer concrètement l'organisation de l'entreprise. Elle présente de manière générale dans quel paradigme se place l'Organisation Z. Elle traite essentiellement des grands piliers de l'organisation et de l'état d'esprit de la ou les personnes qui vont porter le changement, que ce soit le dirigeant ou le conseil d'administration.

La seconde partie du livre présente les grands changements organisationnels et structurels de l'Organisation Z. Ces fondations sont les éléments indispensables sur lesquels reposent l'ensemble des processus expliqués par la suite. Ce chapitre décrit entre autres le fonctionnement en équipes autogérées, la place des managers ou encore la communication interne de l'entreprise.

La dernière partie de ce livre constitue un guide pratique de nombreux processus de l'entreprise. Comment sont organisées les réunions, comment sont calculés les salaires, comment sont recrutés les nouveaux employés, ... Tous ces éléments, qui font le quotidien des salariés et des chefs d'entreprise, sont expliqués en détail. Il est important d'avoir bien compris les deux premiers chapitres (préparation et fondations) avant de se lancer dans la lecture de ces processus.

LES NIVEAUX DE DIFFICULTÉ

Lorsque nous avons répertorié l'ensemble des processus et des bonnes pratiques que nous souhaitions traiter dans ce livre nous nous sommes rapidement rendus compte qu'on ne pouvait pas les transmettre pêle-mêle sans les trier. Le choix a donc été fait de les classer à la fois en fonction de leur difficulté mais également en fonction de l'ordre dans lesquels il nous paraît pertinent de les mettre en oeuvre au sein d'une organisation. Ces chapitres ont donc été répartis en trois niveaux classés par difficulté de mise en oeuvre. Ainsi le chapitre sur la stratégie sera impossible à mettre en oeuvre si les précédents ne l'ont pas été. Pas forcément pour des raisons pratiques mais plutôt parce qu'ils nécessitent une plus grande "maîtrise" de l'Organisation Z. La plupart du temps ce sont les freins humains qui sont les plus durs à lever, surtout lorsqu'on aborde les sujets relatifs à l'argent.

Le chapitre sur la structure et l'organisation peut être vu comme le "Niveau 0" de l'Organisation Z. C'est dans ce cadre là que tous les autres processus présentés par la suite viennent s'inscrire. Il va parler du fonctionnement en équipe autonome et de la façon dont sont prises toutes les décisions dans l'entreprise. Cela ne veut pas dire qu'il est simple de maîtriser ce fonctionnement mais cette première grosse étape est indispensable pour la suite.

Ensuite le "Niveau 1" regroupe des processus qui sont relativement aisés à mettre en place (Réunions, Résolution de conflits, Engagement, Mode d'Emploi). Ces éléments peuvent être instaurés quasiment du jour au lendemain et n'imposent que peu d'obligations sur les salariés. Il s'agit essentiellement de leur donner plus de liberté et de les aider à améliorer leurs relations les uns avec les autres. La partie "mode d'emploi" explique aussi comment capitaliser sur les essais et erreurs qui ne manquent pas d'arriver lors d'un changement d'organisation.

Le "Niveau 2" mélange des processus un peu plus complexes (avec notamment des interactions entre salariés -Feedback, Gestion de Projets-) mais aussi ce qui touche au recrutement et à l'intégration des nouveaux. Ces processus touchent essentiellement à la vie quotidienne des salariés et certains nécessitent parfois une participation obligatoire.

Le "Niveau 3" regroupe les processus les plus complexes et les plus enclins à créer des tensions dans l'entreprise. Ce sont ceux qui sont le plus en rupture avec les usages classiques. Ils concernent notamment l'argent (Salaires, Évaluations, Investissements) et la Stratégie.

Ce découpage ne veut pas forcément dire qu'il faut appliquer ces différents processus dans cet ordre, c'est simplement celui que nous conseillons. D'une organisation à l'autre les besoins n'arriveront pas au même moment et les priorités seront différentes. D'autre part, il faut faire attention à ne pas prendre un processus hors de son contexte et tenter de l'appliquer sans explication sur sa place et son rôle dans l'entreprise. Même si certains éléments paraissent "faciles" à appliquer dans une société classique, ils n'ont souvent qu'un effet "pansement sur une jambe de bois". Le plus important n'est pas le processus en lui même mais comment les salariés se l'approprient et l'utilisent.

I

LA PRÉPARATION

'immense majorité des entreprises actuelles appliquent une organisation traditionnelle où le pouvoir est concentré dans les mains de quelques personnes. La façon dont ces organisations fonctionnent n'est plus adaptée au monde d'aujourd'hui car ce type de management limite la prise d'initiative et l'épanouissement. Ces entreprises provoquent régulièrement chez ceux qui y travaillent un sentiment d'inutilité, de vide[5]. Cela ne concerne pas seulement ceux qui sont en bas de la pyramide, c'est visible à tous les niveaux hiérarchiques. Pire que l'absence de bonheur, ces organisations peuvent amener du stress, du mépris, des burn-out… Même avec beaucoup de bonne volonté il est très difficile de permettre aux salariés de s'épanouir dans un modèle d'organisation traditionnelle.

L'Organisation Z s'inscrit bien sûr dans un nouveau paradigme. Pour présenter et contextualiser ce dernier nous nous sommes appuyés sur des recherches, des retours d'expérience et quelques livres inspirants. Appelé par Frédéric Laloux "stade évolutif opale" (ou Teal en anglais), il n'est encore que peu répandu. Il implique une évolution radicale de la structure, de l'état d'esprit et des processus de l'entreprise. Les organisations qui évoluent sur ces modèles présentent beaucoup de similarités avec les systèmes complexes adaptatifs. A l'instar des cellules

---

[5] Voir notamment l'étude State of the Global Workplace de Gallup qui présente le chiffre de 67% des salariés désengagés dans leur travail dans le monde en 2017.

et des organes d'un être vivant, l'organisation développe ses propres buts qui sont alignés avec les objectifs individuels des membres qui la composent. Elle est constituée de plusieurs éléments : des individus, des équipes, des processus, des valeurs… Chacun de ces éléments interagit avec les autres pour avancer vers l'objectif de l'entreprise et les relations entre ces éléments sont basées sur quelques règles simples ou principes directeurs. Il n'existe pas de contrôle centralisé qui viendrait appliquer une surveillance de ce système complexe. Les individus s'auto-organisent pour s'adapter aux changements externes et internes.

Un des autres aspects essentiels de cette nouvelle organisation est la prise en compte des individus dans leur totalité, avec leurs vulnérabilités, leurs émotions, leurs volontés et leurs intuitions. Les individus peuvent s'exprimer et agir librement dans un environnement bienveillant où l'initiative est récompensée et le droit à l'erreur prôné. Les valeurs ne reçoivent plus une attention superficielle mais sont réellement vécues dans la façon dont les salariés se comportent et agissent dans l'organisation. Les individus ne nourrissent pas non plus leur ego.

Cette approche bienveillante et humaniste des relations est une des clés de la réussite de ce type d'organisation. Les quelques règles que l'on se fixe sont généralement plus des invitations à avoir plus de liberté. Le plus souvent il s'agit même de "normes sociales" ou de "principes" qui n'ont pas de caractère obligatoire. Aucune règle contraignante n'est établie pour potentiellement traiter le cas de ceux qui pourraient profiter du système et nuire à tous les autres.

TRANSFORMER SON ORGANISATION

Le changement de culture vécu

Pour basculer dans ce nouveau paradigme, chaque individu doit se libérer d'habitudes prises et apprises. Dans les entreprises classiques c'est la culture du profit qui règne. Dans l'Organisation Z c'est la Vision de l'entreprise qui est toujours prioritaire. Il faut passer d'une organisation hiérarchique passéiste à une organisation en réseau. Là où les décisions étaient prises par la direction, ou en fonction des responsabilités, elles sont maintenant prises par chacun. Les tâches et les objectifs étaient décidés par la hiérarchie, le travail était contrôlé, aujourd'hui les salariés sont autonomes et libres de travailler sur ce qui leur semble important. La suppression de toute forme de contrôle ou de micro-management est aussi une étape à franchir. De même que passer d'une culture du contrôle et du profit à une culture de la confiance et du sens.

Le bien-être se limitait essentiellement à l'environnement de travail, aujourd'hui c'est l'ADN de l'organisation. L'épanouissement dans son travail est une finalité. Les profits, le pouvoir et les risques étaient concentrés dans les mains des actionnaires. Aujourd'hui ils sont partagés, le pouvoir est distribué dans les mains de ceux qui font. Tous ces changements sont fondamentaux et sont profondément impactants pour l'entreprise.

Une démarche formelle, sincère et sans réserve

On pense souvent à tort qu'une entreprise libérée est une entreprise sans règle, sans structure, et sans leadership. C'est faux ! En réalité ce modèle d'organisation requiert un cadre et des pratiques qui permettent aux individus les plus compétents et intéressés de s'approprier les sujets dans une situation donnée. La liberté est encadrée par des principes formalisés et c'est bien une condition de réussite. Ces règles permettent de clarifier la démarche et donc de rassurer les collaborateurs. La formalisation de processus clairs et structurés rend également possible l'autonomie individuelle dans un collectif efficace et soudé. Il s'agit le plus souvent de règles pour autoriser et non pour interdire, et elles sont issues d'un dialogue au sein de l'entreprise. Ces règles du jeu sont clairement communiquées et sont modifiables par tous et à tout moment si besoin.

L'Organisation Z est un ensemble de composantes qui, coordonnées, permettent de basculer dans un nouvel équilibre. Appliquer une ou deux de ses composantes sans changer le paradigme du contrôle vers la confiance, ou du travail prescrit vers le travail collaboratif ne permet pas de changer de modèle. Il est bien sûr possible de reprendre un des processus décrits dans les chapitres suivants, ou s'inspirer de certaines bonnes pratiques pour améliorer votre organisation, mais si vous souhaitez "libérer" votre organisation il faut le faire à 100%. C'est une démarche qui peut prendre du temps : de quelques mois pour les startups avec un effectif réduit à plusieurs années pour les grands groupes. Dans tous les cas la démarche doit être sincère et toutes les barrières et les points de résistance doivent être progressivement abordés et traités avec l'ensemble des salariés.

L'APPROCHE BIENVEILLANTE ET HUMAINE

Au-delà des nouvelles règles d'organisation, avoir le bon état d'esprit est primordial pour le succès de la démarche. Un état d'esprit qui repose sur la confiance, la bienveillance, la transparence et la responsabilisation. Il est indispensable de partir du principe que l'Homme est bon et dépourvu de mauvaises intentions. Les détracteurs citeront toujours certains exemples vécus en entreprise, mais ce seront souvent des cas où, soit les individus ne partagent pas les mêmes valeurs, soit l'environnement de confiance est totalement absent. Sans cet état d'esprit bienveillant il est impossible de comprendre et de mettre en place sereinement les différents processus décrits dans ce livre.

"Il n'y a pas de personnes méchantes. Il y a seulement des personnes souffrantes qui n'ont pas trouvé d'autres moyens que de blesser les autres pour gérer leur propre souffrance. Quand nous sommes épanouis et heureux, avons-nous envie de chercher des histoires aux autres?"

— Catherine Ikalayos

Intégrité

"L'intégrité est la motivation première à être conforme à ce que l'on est réellement. […] L'intégrité, c'est aussi l'absence de mauvaise intention. En parlant du caractère intègre d'une personne, ce mot fait référence à son honnêteté." (Wikipedia)

Dans l'Organisation Z chacun doit être lui-même dans son environnement de travail. Dans de nombreuses organisations traditionnelles les individus ont peur de prendre des initiatives, ils se sentent obligés de jouer un rôle au travail, celui que l'on attend d'eux pour gravir les échelons hiérarchiques (ne jamais douter, être autoritaire, …). Dans l'Organisation Z chacun doit pouvoir s'exprimer librement sans avoir peur du regard des autres. Basculer dans une organisation où la collaboration entre les hommes et femmes de l'entreprise est plus humaine, plus transparente nécessite aussi de remettre sur le devant de la scène son ressenti, ses sentiments et ses émotions. De nombreux salariés ont peur de partager leurs émotions dans le monde professionnel car cela peut être jugé et interprété comme un signe de faiblesse. Pourtant la prise de décision n'est pas uniquement rationnelle, pour être efficient et en accord avec soi-même, on parle d'un alignement tête (rationnel), coeur (émotionnel) et corps (ce qui est fait). L'expression de ses émotions ou de son ressenti ne doit donc plus être un sujet tabou, mais encouragée.

Par ailleurs une entreprise sera plus riche si chaque membre y contribue de manière distinctive. Il faut encourager les différences dans l'éducation, les origines, la culture, les compétences et les points de vue. Cette diversité permet notamment l'émergence d'idées nouvelles. Cette volonté de s'ouvrir et de travailler avec des individus entiers a par conséquent un impact sur le recrutement.

Équité

Pour que les gens soient intègres et que la confiance règne il est indispensable que l'organisation apparaisse comme équitable pour tout le monde. Une décision équitable n'est pas forcément une décision égalitaire, mais une décision juste qui permet à chacun de s'y retrouver. Attention, cette différence entre équité et égalité est particulièrement importante dans la gestion de la rémunération. En effet l'égalité systématique entre tous pose problème au sein d'une entreprise car tout le monde n'y contribue pas de la même manière et n'a pas les mêmes avantages (ou rétribution). Par ailleurs, l'idée que l'investissement individuel, l'effort ou le travail doivent être récompensés, est largement acceptée. Cette idée d'équité est très présente dans la mise en place de nos processus.

AUTO-MANAGEMENT ET INTELLIGENCE COLLECTIVE

Dans l'Organisation Z, nous mettons en avant un mode organisationnel qui se base sur l'intelligence collective. Nous présentons ici rapidement quelques aspects sur lesquels nous reviendrons plus en détail dans la suite du livre.

Prise de décision

Nous croyons à la force de l'intelligence collective. C'est pourquoi les employés sont organisés en équipe et peuvent tous prendre des décisions librement. Chacun est libre de prendre la décision qui lui semble juste, mais il doit consulter les experts sur le sujet concerné et les personnes impactées. Le processus complet est décrit dans les chapitres suivants. Ce processus de prise de décision, largement décrit dans la littérature sur l'entreprise libérée, est vital pour permettre à chaque salarié de s'épanouir dans l'Organisation Z.

Transparence des informations

Pour prendre de bonnes décisions, il est nécessaire d'avoir accès à l'information, c'est pourquoi l'ensemble des informations de l'entreprise sont accessibles en interne à tous (réalisations, clients, finances, salaires). Concrètement, l'ensemble des répertoires stockant les informations de l'entreprise sont partagés à tous. Chacun est capable de gérer des informations sensibles. Pour rendre compréhensible par tous certaines données et éviter les erreurs d'interprétation, comme par exemple en ce qui concerne les données financières, il est parfois nécessaire de simplifier ou de vulgariser l'information, ou encore de former les personnes intéressées à lire certains documents complexes.

Responsabilisation

Chacun a la responsabilité pleine et entière de l'organisation. Si quelqu'un pense qu'une erreur va être commise ou que quelque chose ne fonctionne pas il a le pouvoir d'y remédier. Les responsabilités ne se limitent pas à notre champ de compétences ou au périmètre contractuel. Certains processus comme la gestion des conflits ou les feedbacks permettent justement de travailler collectivement avec une volonté d'amélioration continue pour l'ensemble de l'entreprise. Contrairement à d'autres modèles d'organisation, nous ne limitons pas le domaine d'action des salariés à partir du moment où ils respectent le processus de prise de décision. Cela permet l'émergence de nombreuses prises d'initiatives et aide à rester adapté à son environnement. Cela ne veut pas dire pour autant que tous les employés ont les mêmes responsabilités. Et encore moins que des responsabilités supplémentaires sont imposées à ceux qui n'en souhaitent pas.

DONNER DU SENS

Un des principaux points de changement dans le modèle Organisation Z est le fait que les initiatives, les choix et les décisions sont prises à l'échelle individuelle. Cependant il est important de contribuer ensemble à un même projet global. Dans ce livre, nous utilisons la notion de *Vision* pour définir l'ensemble des éléments qui permettent de guider les décisions de chaque collaborateur, cependant plusieurs éléments sous-tendent cette notion : raison d'être, vision stratégique et les valeurs.

La raison d'être, véritable boussole pour les collaborateurs

La raison d'être est la cause véritable et profonde pour laquelle l'entreprise ou l'organisation s'est créée. Souvent définie au début d'un projet entrepreneurial par ses fondateurs elle doit servir une cause ambitieuse à laquelle l'ensemble des parties prenantes (collaborateurs, partenaires ou clients) doit adhérer. La raison d'être doit aussi inspirer et faire rêver. Les gens sont capables de choses extraordinaires quand ils le font par passion et qu'ils sont alignés.

Dans une entreprise où tout le monde peut prendre des décisions, comment savoir si ses choix sont "bons" ? Comment avancer collectivement dans la même direction ? La raison d'être est une boussole, elle permet à chacun d'orienter ses choix. Dans les entreprises traditionnelles, la plupart des salariés travaillent pour atteindre un objectif de production déterminé de façon unilatérale par la hiérarchie. Celui ci n'a pas de sens pour eux et oblige à formaliser des règles complexes qui finissent par démotiver. Dans l'Organisation Z, il est primordial de savoir quel sens on donne à son travail et chaque collaborateur doit donc pouvoir s'appuyer sur cette raison d'être au quotidien pour savoir si ses actions sont alignées avec elle.

Une vision stratégique collaborative et évolutive

La vision stratégique est la description d'un état futur et désirable de l'entreprise. C'est le lien entre le présent (le travail, les décisions au quotidien) et le futur (les objectifs, le projet).

Trop souvent la vision stratégique de l'entreprise correspond à l'inspiration personnelle du dirigeant ou du conseil d'administration. Même si elle est écrite et partagée à l'ensemble des collaborateurs, elle impacte et guide rarement leur travail quotidien. Pour que les collaborateurs se l'approprient et s'en servent pour guider leurs efforts, il est nécessaire qu'elle soit définie de façon collective. Persuadés que pour comprendre le monde qui nous entoure il ne faut pas s'isoler, nous encourageons même à intégrer dans cette démarche des clients, des fournisseurs voire même des concurrents. La vision stratégique de l'organisation devient alors la communion des visions individuelles de chacun. Nous reviendrons sur cet aspect dans le chapitre sur la stratégie.

FAUT-IL NÉCESSAIREMENT AVOIR DÉFINI COLLECTIVEMENT SA VISION AVANT DE FAIRE LE "GRAND SAUT" ?

A minima les collaborateurs doivent connaître les grandes directions et le cap à suivre s'ils ont une grande liberté dans leur travail. Si cette vision était principalement incarnée par le dirigeant, cela peut suffire dans un premier temps pour guider les équipes. Par contre, il sera rapidement nécessaire de les impliquer dans cette démarche pour qu'elle puisse devenir le socle d'une bonne prise de décision.

Les valeurs et leurs déclinaisons en comportements

Les valeurs permettent de guider notre jugement moral (par exemple l'indépendance, la sécurité, la bienveillance). Chacun leur accorde des degrés d'importance différents. La valeur sert de fondation pour tisser des liens au sein des équipes et contribue à définir la culture d'entreprise. Lorsqu'une valeur n'est pas partagée par un collaborateur il ne peut généralement pas y avoir d'entente à long terme et c'est souvent l'origine de nombreux conflits. Il est donc essentiel que ces valeurs soient partagées et déclinées en comportements à adopter au sein de l'organisation. Cela ne veut pas dire que tous les salariés pensent la même chose, simplement qu'ils partagent certains nombres de fondamentaux sur leur façon de fonctionner.

LE LEADER LIBÉRATEUR

Dans la très grande majorité des cas, la rupture de modèle de management est portée par la ou les personnes à la tête de l'entreprise. Il s'agit souvent du fondateur pour une PME ou de la direction générale pour les grands groupes. Il ou elle s'engage personnellement et fortement dans la démarche, en portant la transformation et en la protégeant. Dans la suite de cet ouvrage nous utiliserons souvent "le dirigeant" de manière globale pour désigner les fondateurs ou le comité de direction. Si vous n'êtes pas dans la position d'un "dirigeant" vous pouvez directement passer à la partie "Structure et Organisation".

Le dirigeant a toujours eu un rôle primordial dans la mise en place de son organisation et de son fonctionnement. Il est également porteur de la culture et de la vision de l'entreprise. L'organisation doit donc être cohérente avec la façon dont le dirigeant voit son entreprise et le monde qui l'entoure. En résumé, une entreprise ne pourra pas se développer au-delà du paradigme dans lequel évolue le dirigeant. S'il n'est pas lui même convaincu de l'intérêt de cette démarche, il y aura peu de chance de la voir se mettre en place. Celle-ci a nécessairement besoin d'être assumée pour être menée à bien sereinement.

"Quand on change la façon de voir les choses, ce sont les choses qui changent."
— Wayne Dyer.

On parle de cheminement ou de chemin vers la libération lorsque le dirigeant prend conscience du changement de paradigme. Il est alors en mesure de comprendre les organisations avec un point de vue différent qui offre de nouvelles perspectives. Le passage au "stade opale" se produit notamment lorsque l'on apprend à se détacher de son propre égo. En gardant son égo à distance il devient possible de voir comment ses peurs, ses ambitions et ses désirs influencent sa vie et sa façon de diriger. Ce travail de distanciation n'est pas simple mais il est réalisable dans le cadre d'ateliers de développement personnel ou avec l'accompagnement d'un coach. Un des enjeux fondamentaux de l'Organisation Z réside dans la confiance entre les individus. Et la confiance est une question de réciprocité : si le dirigeant ou la direction n'a pas une confiance totale dans l'équipe, il ne faut pas s'attendre à ce que les salariés fassent confiance à l'entreprise et à son dirigeant.

Vous l'aurez compris la transformation de son entreprise ne se fait pas du jour au lendemain. Une phase de cheminement et de préparation est nécessaire au préalable pour le dirigeant. Le cheminement d'un individu peut prendre bien des formes et du temps. Il est utile pour cette étape de s'immerger dans la lecture d'ouvrages et articles[6]. Il est également intéressant de lire et de visionner des témoignages et de rencontrer des chefs d'entreprise vivants cette transformation. Il existe également des réseaux, des séminaires, des ateliers ou encore des forums en ligne qui permettent d'aborder ces questions avec d'autres dirigeants qui partagent les mêmes enjeux. Il est souvent utile d'être accompagné dans cette transformation pour garder le cap.

Le passage à l'Organisation Z va faire émerger de nouvelles règles et de nouveaux processus. Même si ces règles visent à accorder plus de liberté, un grand discours ou une présentation de quelques slides ne suffiront pas à clarifier la démarche. Il est nécessaire de formaliser ces règles par écrit pour qu'elles soient accessibles, connues et partagées par tous. Lors de la transformation il est utile de rédiger un livret qui synthétise en quelques pages ses valeurs, sa vision et la nouvelle organisation. Ce livret permet à chaque salarié de mieux comprendre l'entreprise et sa culture. Il est également très utile dans le cadre des recrutements car cela permet à tout candidat de mieux se situer par rapport à l'organisation. Il nous apparaît nécessaire, pour chaque entreprise qui souhaite s'engager sur ce chemin, de suivre cette étape importante. Dans un premier temps le livret peut-être rédigé par le dirigeant au fil de ses réflexions. Il sera ensuite petit à petit ouvert aux modifications par les salariés eux-mêmes.

Cela peut paraître contre intuitif mais la transformation de l'entreprise doit commencer par être imposée par le dirigeant. La peur du changement poussera certains collaborateurs à rester dans le modèle traditionnel qu'ils connaissent. Seulement, les deux modèles ne peuvent

[6] Voir bibliographie à la fin de cet ouvrage

pas coexister sereinement. De la même manière, la transition vers un stade opale ne se fait pas sans obstacle à franchir. En cas de difficulté, la facilité serait de remettre en place des modèles de fonctionnement correspondant à ce que l'on connaît dans les organisations hiérarchiques. C'est pour cette raison que la libération de l'entreprise est le dernier acte qui doit être imposé par le dirigeant afin d'éviter toute dérive ou retour en arrière.

LE GRAND SAUT

Dans un premier temps, vous découvrirez que votre idée de départ va évoluer progressivement jusqu'à se transformer en projet d'entreprise. Les premières semaines ne sont pas les plus difficiles. L'effet "nouveauté" prend souvent le pas sur les petits dysfonctionnements, mais au fil du temps ces difficultés reviendront sur le devant de la scène et il faudra franchir ces obstacles sans dénaturer le projet. C'est dans ces périodes qu'il faut avoir confiance en vos équipes et s'appuyer sur les grands principes qui sous-tendent cette organisation pour trouver des solutions.

Nous avons observé plusieurs cas d'entreprises qui s'auto-proclamaient rapidement "entreprise libérée" alors qu'elles n'avaient franchi que les premières étapes de ce cheminement. C'est le cas pour quelques grands groupes qui ont tout juste "lancé" une transformation mais qui communiquent déjà à l'extérieur comme étant "libérés". Généralement les intentions sont bonnes mais il y a des freins liés à une culture historique ou à une organisation existante trop rigide. Dans ce cas la frustration et la déception sont grandes pour les collaborateurs qui s'attendaient à des changements profonds dans leur travail et qui tardent à les voir venir. Il faut savoir rester patient et prendre le temps de travailler en amont pour réussir sa transformation.

A l'image d'un organisme vivant, l'Organisation Z est en constante évolution et sait s'adapter rapidement à son environnement. L'organisation a sa propre âme, son instinct créatif et sa propre vision. Il est nécessaire d'écouter cette organisation et de l'accompagner dans la direction qu'elle a choisi de prendre. Au quotidien le dirigeant doit donc s'assurer de la cohérence entre les valeurs de l'entreprise, la vision collective, le respect des règles communes, la stratégie et les objectifs fondamentaux. Chacun de ses éléments doit avoir du sens. Définir, maintenir et améliorer continuellement ce cadre qui permet une liberté orientée devient un rôle essentiel pour le dirigeant. Une partie du temps qu'il passait à contrôler ou à gérer l'entreprise sera dédiée à ces tâches. Nous allons revenir sur chacun de ces éléments dans les chapitres suivants.

Les règles et processus présentés dans ce livre sont pensés pour évoluer et s'adapter aussi bien à une équipe de dix personnes qu'à un groupe de plusieurs centaines ou milliers. Elles sont précises mais laissent de la place pour être adaptées. Un des pièges à éviter est de vouloir définir une règle pour chaque problème rencontré. Cette mauvaise habitude peut complexifier dangereusement une organisation et la rigidifier. L'objectif est de définir au maximum des règles qui donnent de la liberté plutôt que des règles contraignantes. Les règles ne sont pas faites pour ceux qui ne respectent pas la confiance ou le "bon sens". On peut citer ce passage du livre de Jean-François Zobrist : *"L'autre est systématiquement considéré comme bon !"*. *"L'homme bon ne fait pas exprès d'arriver en retard, donc plus de pointeuse. L'homme n'est pas voleur donc les magasins d'usine sont en libre service. Ou encore, l'homme est intelligent donc toute structure d'accompagnement est vexatoire"*[7].

D'une manière générale il s'agit plus de définir des "normes sociales" ou des "principes" plutôt que des "règles" à proprement parler. Ces normes sont le fruit d'un consensus émanant des membres de l'entreprise. Elles sont établies à un instant T quand elles sont nécessaires et survivent tant qu'elles sont utiles et pertinentes. Elles peuvent être remises en cause à tout moment par tous les salariés. Les vraies "règles" contraignantes se comptent sur les doigts d'une main dans l'Organisation Z (obligation de suivre les processus de prise de décision, réunion, recrutement, et participations aux évaluations). L'ensemble des autres "règles" ne sont données qu'à titre indicatif et ne sont pas obligatoires.

---

[7] *La belle histoire de Favi* de Jean-François Zobrist, Broché 2014

Au sein de vos équipes, la difficulté à faire confiance sera un des principaux freins à la transformation de vos organisations. Beaucoup d'entre nous ont des présomptions profondément ancrées à propos des Hommes et du travail qui sont basées sur la peur : la peur de voir un collègue essayer de profiter d'une situation, la peur d'être jugé sur son travail ou sur ses propos, la peur de rater une promotion, ... Ces préjugés font naturellement appel à ce qui ressort généralement d'une organisation basée sur le contrôle et la hiérarchie. Passer de ces peurs à la confiance n'est pas un exercice facile, cela demande souvent d'être accompagné et une bonne dose de remise en question. Quand les discussions entre collègues permettent de différencier les anciennes présomptions du nouveau modèle basé sur la confiance c'est que les croyances évoluent et donc l'état d'esprit aussi. Il n'y a pas de recettes miracles pour réussir sa transformation mais s'il y en avait une la discussion en serait sûrement l'ingrédient principal. Le fait de s'appuyer sur des outils comme ce livre aide également à avancer plus sereinement.

II

STRUCTURE ET ORGANISATION

’Organisation Z n’est donc pas une simple recette pour rendre les salariés plus heureux ou une liste précise des 100 choses à faire pour libérer son entreprise. C’est une organisation globale qui repose sur plusieurs éléments clés dont nous allons parler dans ce chapitre plus en détail. Elle nécessite d’oublier ce qui se fait “habituellement” en entreprise et de mettre en place d’autres façons de travailler.

LE FONCTIONNEMENT EN ÉQUIPE

L e premier pilier fondamental de l'Organisation Z est le fonctionnement en équipe de projet. La plupart des entreprises d'aujourd'hui fonctionnent en silos. Les personnes qui partagent les mêmes champs de compétences sont rassemblées dans des services distincts (service informatique, ressources humaines, service marketing...). Dans l'Organisation Z ces silos sont complètement inexistants et l'unité de base de l'entreprise devient "l'équipe". Une équipe est un groupe d'employés autonome qui oeuvre à l'accomplissement d'un projet spécifique. Elle se forme à partir du moment où au moins trois personnes se rassemblent pour travailler sur un projet qui dépasse le stade de "concept". C'est à l'intérieur de ces équipes que les employés évoluent et produisent de la valeur ajoutée.

L'organisation en groupes autonomes redonne du sens et de la proximité dans le travail au quotidien. Les employés sont directement rassemblés autour d'un ou plusieurs projets concrets et cohérents avec la vision de l'entreprise. Ils peuvent facilement se réunir, discuter et avancer ensemble. Cela permet un décloisonnement et augmente la réactivité et l'efficacité de chacun. En incluant les fonctions transverses (RH, juridique, marketing, achats...) directement au sein des équipes cela permet de les renforcer et d'augmenter leur efficacité.

Ces équipes doivent pouvoir opérer en complète autonomie. Ce sont elles qui choisissent leur mode de fonctionnement, leur composition, leurs règles... Elles sont capables de prendre les bonnes décisions pour avancer le plus efficacement possible. Cela ne veut pas dire pour autant qu'elles ne discutent jamais avec le reste de l'entreprise. Il est très important que les différentes équipes se rencontrent régulièrement pour se synchroniser et discuter de leurs stratégies et projets respectifs.

La taille et la composition des équipes peuvent varier énormément. Dans certaines entreprises les équipes sont définies en fonction de zones géographiques, parfois elles sont construites autour d'un client ou d'un type de projet précis. Il y a autant de typologies d'équipes que de typologies d'entreprises. L'une des règles à respecter est de ne pas construire les équipes autour d'une compétence mais bien autour d'un projet. Il ne peut pas y avoir une "équipe juridique" avec uniquement des juristes mais il peut y avoir une équipe qui travail à "élaborer un contrat type", ouverte à tous, par exemple. Il n'y a pas d'équipe "innovation" ou "communication" car ce ne sont pas projets concrets. L'important est de réussir à se rassembler avec une volonté claire et un objectif précis. Comme indiqué plus haut il est essentiel qu'une équipe soit constituée d'au minimum trois personnes. Il serait tout à fait possible de mener des projets seul dans son coin ou en binôme sans suivre ce processus mais dans ce cas les facteurs de risques sont multipliés en ne discutant pas de ses idées avec d'autres membres de l'entreprise. Fonctionner à trois personnes ou plus force le groupe à communiquer davantage, à s'assurer d'être aligné avec la vision de l'entreprise et à s'autodiscipliner. D'autre part il est plus efficace d'avoir des points de vues variés sur une idée ou un projet et ainsi faire naître une véritable intelligence collective. Avoir plusieurs personnes intéressées et actives pour mener à bien les projets permet d'atteindre un niveau de qualité et de succès élevé. C'est également comme cela que des rencontres se font, que des liens se créent et que de nouvelles idées émergent.

Ce fonctionnement en équipe permet également de limiter les responsabilités de chacun. Toutes les responsabilités de l'entreprise sont cloisonnées par projet. Une personne ne peut pas, par exemple, être responsable juridique pour toute l'entreprise, il ne peut l'être qu'au sein d'une équipe qui mène à bien un projet. Cela permet donc à une autre personne d'occuper cette responsabilité dans une autre équipe. Aucun individu ne porte la responsabilité de toute l'entreprise dans un domaine car personne ne fait partie de tous les projets. Ce concept est très important car il permet aux salariés de bien gérer leur niveau d'implication et de responsabilité dans l'entreprise. Ils s'engagent toujours pour un travail donné et pour une durée donnée (jusqu'à la "fin" du projet). En fonction des profils et des compétences certains salariés souhaiteront dédier tout leur temps à un seul projet, d'autres le partageront sur plusieurs projets.

Dans ce chapitre nous allons voir concrètement comment se forment et s'organisent les équipes. Nous verrons ensuite comment cela se passe au niveau individuel et comment tout cela impacte les prises de décisions et l'environnement de travail.

DE L'IDÉE AU PROJET

Dans tous les cas les équipes ne doivent pas dépasser une vingtaine de personnes (peu importe la taille de l'entreprise). Au-delà de cette limite il devient difficile de communiquer et d'avancer efficacement. Certains "gros" projets peuvent donc rassembler plusieurs équipes autour d'un but commun. On se retrouve alors avec une structure d'équipes imbriquées les unes dans les autres ou fonctionnant en parallèle les unes des autres.

Il peut donc y avoir énormément de types d'équipes différentes. Dans certaines entreprises les équipes peuvent être toutes similaires alors que dans d'autres elles seront beaucoup plus hétéroclites. On peut par exemple citer le cas de l'entreprise Buurtzorg (soins à la personne) au Pays-Bas qui a été fondé par Jos de Blok il y a 10 ans avec une équipe de 4 personnes. L'entreprise aujourd'hui est basée sur des équipes de 12 infirmières qui sont responsables de 40 à 60 personnes dans une zone désignée. Il y a plus de 900 équipes basées sur ce modèle dans l'entreprise et une cinquantaine d'administrateurs seulement pour les aider à se coordonner.

Ce qui est important au final dans cette organisation c'est surtout de rassembler des gens avec des compétences et talents variés autour d'un même projet et ensuite de leur faire confiance pour le mener à bien. Les équipes sont donc libres de s'organiser comme elles le souhaitent. Il n'y a aucune règle d'organisation particulière à suivre (voir le chapitre sur la gestion de projet). Les équipes disposent d'une liberté totale pour fonctionner. Au final elles opèrent comme des "mini-entreprises" au sein d'une grande entreprise. Il n'y a personne à qui rendre des comptes si ce n'est les membres de l'équipe elle même. Il est par contre indispensable de suivre les règles concernant les réunions (voir chapitre sur le sujet) et la communication. Il y a aussi quelques étapes clés dans la vie d'une équipe qui font l'objet d'une attention particulière.

Lancement de l'équipe

Les équipes se créent donc de manière organique dans l'entreprise autour d'un projet. Elles suivent cependant toujours un processus de création identique. Elles démarrent toutes de la volonté d'une personne de rassembler des employés autour d'un projet commun. Il faut donc avoir un moyen de "lancer" ces projets. Avant de rassembler une équipe à proprement parler un projet passe donc par le stade de "Concept". La rédaction d'un document de concept est la première étape de tout projet. Dans l'Organisation Z chacun est donc libre de proposer une idée en écrivant un court document qui permet de coucher sur le papier une idée, une volonté, une envie... Cette étape est généralement faite seul mais peut également être faite à plusieurs. Attention cependant à ne pas inclure trop de personnes à cette étape pour ne pas dénaturer l'idée de départ et être emporté par l'euphorie du lancement. Il est par contre recommandé de demander de l'aide aux experts (choisis en fonction des domaines du projet) pour rédiger le document le plus précis possible. C'est ce document qui permet de valider la fin de cette première étape du projet. Ce document ne doit pas nécessairement être très long mais il doit permettre à tout le monde de comprendre le projet, en quoi il répond à la vision de l'entreprise, ses intentions, sa durée estimée, sa complexité... (pas besoin d'un business plan complet ou de budgets).

Pour garder l'esprit serein lors de l'écriture d'un concept il est conseillé de l'écrire dans le dossier (intranet, disque dur partagé, plateforme en ligne...) qui n'est pas ouvert aux commentaires, il peut s'appeler par exemple "En Cours". Les concepts qui sont dans ce dossier ne sont éditables que par leur auteur et ne sont pas forcément ouverts aux feedbacks. Cela permet de commencer à travailler sur un concept et de le laisser mûrir sans avoir de retours extérieurs entre temps s'il n'est pas terminé. Une fois le concept abouti il peut être placé dans un autre dossier qui indique que la personne souhaite pousser son projet vers l'étape suivante, par exemple nommé "En recherche de soutiens". C'est dans ce dossier que se retrouvent toutes les idées de projets pour l'entreprise. Il ne s'agit pas ici d'une simple "boîte à idées" (qui peut exister par ailleurs) mais réellement du lancement de projets importants et structurants pour l'entreprise (ouverture d'un magasin, lancement d'un nouveau produit, amélioration d'un service existant, ...). Tous les projets de l'entreprise passent par cette étape.

Une fois le concept déposé dans le dossier 'En recherche de soutiens" une équipe va pouvoir se former autour du projet. Tous les salariés de l'entreprise ont accès à ce dossier qui rassemble les documents de concepts qui cherchent à devenir des projets. Les personnes qui sont intéressées par le concept peuvent alors poster leurs commentaires ou leur soutien sur le document. Ils sont aussi invités à entrer directement en contact avec la personne qui a lancé l'idée.

En général c'est plutôt la personne qui a écrit le concept qui va chercher les autres salariés qui pourraient être intéressées par son projet. Il est également important que chaque salarié se tienne au courant des différents concepts qui cherchent des soutiens quand ils ont du temps disponible. Il est également fréquent que des personnes qui ont terminé un projet ensemble démarrent sur un nouveau projet directement à plusieurs. Dans tous les cas il faut rester ouvert aux participations de tous à cette étape pour faire grandir au maximum l'idée.

A partir du moment où trois personnes minimum sont réellement intéressées pour travailler sur le projet elles peuvent alors former une équipe. La composition de cette équipe à cet instant ne doit pas forcément permettre de faire aboutir le projet. Il est même possible que la personne à l'origine du projet ne souhaite pas, ou ne puisse pas (par manque de temps notamment) rejoindre l'équipe qui se forme autour de son idée. Il n'y a pas de nécessité de réunir telle ou telle compétence pour créer une équipe. Il est par contre indispensable, comme pour les autres moments importants de la vie de l'entreprise, d'avoir consulté les experts des domaines auxquels touche le projet[8]. Ce groupe est là pour porter le projet vers sa réussite. Bien qu'il n'existe pas de règles formelles ou "contrats" à réaliser pour lancer son équipe, plus l'équipe est complète et interdisciplinaire plus le projet aura de chance de réussir. De la même manière il est conseillé d'avoir toujours une personne avec une certaine ancienneté dans les porteurs du projet. Cela permet de mieux maîtriser les règles de fonctionnement de l'entreprise.

Dans tous les cas ils doivent communiquer sur la création de l'équipe. La seule démarche à suivre lorsqu'une équipe se crée est de communiquer sur le logiciel de communication interne un message pour présenter la formation de l'équipe sous la forme : "L'équipe 'Nom du Projet' vient de se former autour du concept suivant (lien vers le concept) avec les personnes suivantes + 'noms des personnes'." Ils retirent alors le document de concept du dossier de recherche de soutiens et créent un dossier au nom du projet dans les dossiers de projet. C'est là qu'ils stockent ensuite tous les documents relatifs au projet.

---

[6] voir le chapitre sur le processus de prise de décision

VIE D'UNE ÉQUIPE

Se gérer

Comme évoqué plus haut aucun fonctionnement particulier au sein des équipes n'est imposé (voir le chapitre gestion de projet à ce sujet également). Il est cependant important que chaque équipe définisse clairement sa façon de travailler. Il y a de très nombreuses méthodes pour mener à bien un projet à plusieurs. C'est pour cela qu'une équipe doit établir le plus tôt possible si des règles ou principes viennent définir son fonctionnement. Est-ce qu'un "leader" est désigné ? Est-ce que des horaires de présence sont demandés ? Est-ce qu'un objectif précis est établi ? Est-ce que des outils spécifiques seront utilisés ? Etc. Tous les aspects de l'équipe peuvent faire l'objet d'accords particuliers si besoin. Il n'est bien sûr pas question d'enfreindre les principes ou les valeurs de l'entreprise (aucune hiérarchie, pas de réunions obligatoires, utilisation des outils de l'entreprise…). Toutes ces informations doivent être publiées pour que chaque salarié puisse être au courant. Bien évidemment les membres de l'équipe discutent ensemble de ces règles de fonctionnement et peuvent les ajuster si elles ne conviennent pas à tous.

Il est à noter que le choix de l'organisation d'une équipe est très important pour le bon fonctionnement humain de celle-ci. Chaque personne est plus ou moins à l'aise avec telle ou telle méthode de fonctionnement. Certains vont préférer avoir des objectifs clairs et des tâches bien définies là où d'autres vont être plus à l'aise sans objectif ou calendrier. Dans tous les cas il est très utile à chacun de bien connaître les environnements qui lui permettent de développer le meilleur de lui-même. Il ne suffit pas que l'idée de départ plaise à tous pour que l'équipe fonctionne bien. Les équipes peuvent également tester des modes de fonctionnement innovants ou originaux pour mener à bien des projets (outils numériques et réseaux sociaux, méthodes lean, agilité, …). Cela permet de rester dans une démarche d'amélioration de l'organisation. D'une manière générale cette façon de faire permet aux équipes de faire émerger des modes d'organisation qui deviennent des standards dans l'entreprise sans pour autant qu'ils soient imposés.

Grandir

Une fois l'équipe lancée, d'autres personnes peuvent être amenées à la rejoindre. Il y a plusieurs façons de faire grossir une équipe. La plupart du temps les équipes grossissent de manière organique en fonction des besoins. Une personne de l'équipe va faire appel à telle ou telle autre personne de l'entreprise pour résoudre un problème et cette dernière va finir par rejoindre l'équipe. Certaines personnes qui se retrouvent aussi sans équipe peuvent être amenées à proposer leur aide sur le projet si cela est pertinent.

L'autre façon de parvenir à trouver des personnes qui comblent les besoins de l'équipe est bien sûr de recruter à l'extérieur de la société. Ces recrutements peuvent se faire soit par cooptation soit par annonce. Il est alors important de suivre le processus de recrutement mis en place pour l'entreprise. C'est un processus long et coûteux, il est recommandé de bien regarder en interne avant de se tourner vers l'extérieur pour un recrutement.

Dans tous les cas, dans l'Organisation Z, pour qu'une nouvelle personne arrive dans une équipe il faut réunir trois conditions. La première c'est que la nouvelle personne apporte concrètement quelque chose à l'équipe (il ne peut s'agir simplement d'une personne qui est là pour superviser ou donner des idées). La deuxième c'est qu'elle soit en phase avec le projet de l'équipe. Cela peut paraître évident mais c'est tout de même important de bien connaître le projet avant d'intégrer une équipe car en rejoignant une équipe elle devient co-responsable de la bonne gestion du projet. La dernière c'est qu'elle se reconnaisse dans son fonctionnement. Si ces trois conditions sont réunies alors la personne peut intégrer l'équipe. Lorsqu'une personne rejoint une équipe il faut que cela soit communiqué sur le canal de communication de l'équipe. La personne choisit alors quels rôles elle souhaite endosser dans l'équipe ainsi que la durée de son engagement (qui s'étend souvent jusqu'à la complétion du projet).

La fin d'une équipe

La seule chose qui est imposée à une équipe c'est de savoir quand dire stop. Lorsqu'une équipe se crée elle se donne une durée pour réussir à parvenir à un premier résultat concret. Si au bout de cette durée elle n'y est pas parvenue alors il est fortement conseillé de la dissoudre. Il est important de suivre cette règle pour ne pas avoir d'équipe "zombie" qui n'avance plus sur un projet. Là encore personne ne va venir contrôler l'avancement d'une équipe et il appartient à ses membres de savoir prendre le recul nécessaire pour prendre ce genre de décision. C'est là que l'expérience et la culture de l'Organisation Z doivent permettre de faire les bons choix. Il vaut mieux une équipe qui échoue rapidement qu'une équipe qui se dissout petit à petit.

L'autre façon pour une équipe d'être dissoute c'est de parvenir au bout de leur projet initial (c'est heureusement souvent le cas). Cependant toutes les équipes n'ont pas forcément de "fin". Si par exemple une équipe se forme autour du développement d'une zone géographique ou d'un client particulier elle n'a pas spécifiquement de "fin" prévue. Par contre s'il s'agit d'un projet concret qui arrive à son terme alors l'équipe peut atteindre la conclusion de son projet.

Dans tous les cas il est important d'annoncer la fin d'une équipe sur les canaux de communication prévus. Il peut être aussi intéressant de publier un bilan de l'équipe à ce moment-là bien que cela ne soit pas obligatoire. Cela permet aux autres équipes de s'enrichir des succès et échecs de leurs collègues.

POURQUOI TOUT CE PROCESSUS ? NE PEUT-ON PAS JUSTE TRAVAILLER TOUT SEUL DIRECTEMENT ?

Empiriquement il est tout à fait possible de mener des projets seul dans son coin sans suivre ce processus. Il est cependant bien plus efficace d'avoir des points de vue variés sur une idée ou un projet et faire naître une intelligence collective. Avoir plusieurs personnes intéressées et actives pour mener à bien les projets permet d'atteindre un niveau de qualité et de succès élevé. C'est également comme cela que des rencontres se font, que des liens se créent et que de nouvelles idées émergent.

VA-T ON VERS LA FIN DU MANAGEMENT ?

Le management intermédiaire a été souvent mis en place pour faire fonction de relais entre les informations montantes et les décisions descendantes. C'est une organisation qui permet aux décideurs d'avoir accès à des informations internes de l'entreprise et surtout de transmettre et faire appliquer leurs décisions sans pour autant être derrière chaque individu (contrôle). Dans l'Organisation Z les informations circulent librement et en toute transparence, et les collaborateurs peuvent prendre librement leurs décisions. Même si les managers disparaissent cela ne signifie pas que le management disparaît totalement. De nombreux aspects sont encore très présents et même renforcés dans l'Organisation Z. Ce qui a été supprimé (ou remplacé par de l'auto-management) ce sont les tâches liées aux contrôles, à la transmission et à la gestion des tâches. Les aspects plus humains (relationnel, feedback, gestion des conflits, formation) ont été renforcés en mettant en place de nombreux processus[9]. Le bien-être est aussi au coeur de nos préoccupations. La principale différence c'est que ces éléments vitaux de l'entreprise ne sont plus incarnés par quelques personnes mais sont pris en charge par tous les salariés. Autant le management ne disparaît pas, autant les managers, eux, disparaissent complètement.

---

[9] Voir les chapitres suivants de ce livre.

DES SALARIÉS AUTONOMES

Comme expliqué précédemment l'autonomie est l'un des piliers de l'Organisation Z. Beaucoup de gens sont aujourd'hui démotivés par leur travail, ils se sentent impuissants à changer les choses dans leur entreprise. Chaque employé porte en lui un potentiel plus important qu'il ne le soupçonne lui-même et c'est grâce à l'autonomie qu'il peut le réaliser. Dans un fonctionnement en équipe il faut que tout le monde prenne sa part du travail et apporte aux idées et projets de l'entreprise. Notre but est de l'aider à libérer ce potentiel et la réponse à cette problématique se trouve dans l'auto-management. La redistribution du pouvoir à chacun redonne de la motivation et permet l'épanouissement dans son travail.

LA FIN DE LA HIÉRARCHIE

C'est souvent un des points de l'Organisation Z les plus compliqués à appréhender pour les personnes qui ne sont pas familières avec le concept d'entreprise libérée. Les entreprises traditionnelles et les pyramides managériales incitent aux jeux politique et renforcent l'appât du gain. La plupart de ces problèmes proviennent de la concentration du pouvoir dans les mains de quelques personnes. D'où l'idée de supprimer cette hiérarchie qui pèse sur tous les salariés. Mais comment faire ? On se demande souvent comment une entreprise peut fonctionner quand il n'y a pas de chefs. C'est pourtant relativement simple. La question qui se pose plutôt serait : pourquoi avoir des chefs ? Les salariés sont des gens intelligents en qui chacun peut avoir confiance. Pourquoi vouloir mettre une personne "au-dessus" d'eux pour leur dire quoi faire et comment le faire alors qu'il n'y en a pas besoin ? Chaque personne est capable de gérer son travail elle-même. Si jamais elle a besoin d'aide pour le faire il lui suffit de demander à ses collègues.

Les aspects utiles que l'on attribue au manager ont été déplacé directement au niveau de chaque personne. La prise de décision, la définition d'objectifs, les achats, le recrutement, les salaires... sont tous gérés directement par chaque salarié ou chaque équipe en fonction des besoins. Certains aspects du travail de manager comme le contrôle ou l'établissement d'une stratégie d'entreprise disparaissent complètement dans l'Organisation Z[10]. Le fait de supprimer les hiérarchies imposées fait naître de nouvelles formes de relations d'influence entre les salariés. Des formes de hiérarchies fluides et naturelles se créent dans l'entreprise au fil des projets et des personnes qui arrivent et repartent. L'unique forme de hiérarchie subie est donc remplacée par une multitude de formes basées sur l'expertise, le talent ou la reconnaissance. L'influence d'une personne émane donc de son niveau de maîtrise, de ce qu'il fait au quotidien et de la reconnaissance que lui portent ses collègues pas de son diplôme ou de sa proximité avec la direction.

REDÉFINIR SON "TRAVAIL"

Lorsque chacun devient entièrement responsable de ses activités il peut choisir librement les rôles qu'il souhaite endosser dans l'entreprise. Il n'est plus restreint à une case mais peut saisir les opportunités qui s'offrent à lui. La plupart du temps les employés ont une expertise principale qui occupe la majorité de leur temps. Ils choisissent ensuite de consacrer une partie (plus ou moins importante) du reste de leur temps à d'autres tâches que celle pour laquelle ils ont été recrutés à l'origine.

Dans l'Organisation Z la redéfinition de son travail va aussi jusqu'à redéfinir son titre de poste (on ne parle d'ailleurs plus de "postes" dans l'Organisation Z mais de rôles). Chacun est libre de définir l'intitulé de son poste où plutôt de ce qu'il souhaite être dans l'entreprise. Étant donné l'absence de hiérarchie, les titres "Directeur", "Chef", "Manager" sont proscrits. Les intitulés peuvent évoluer au fil du temps en fonction des rôles qu'occupe une personne. Ils peuvent également être basés sur différents aspects comme un savoir-faire, une intention ou des traits de personnalité.

Comme évoqué dans le chapitre précédent l'Organisation Z s'appuie sur la notion d'équipe pour mener à bien les projets de l'entreprise. Ce n'est pas parce que les gens sont autonomes qu'ils travaillent seuls

---

[10] Ces différents aspects sont décrits en détail dans la partie "processus" de ce livre.

dans leur coin. Les salariés exercent donc leur activité au sein de ces groupes autonomes eux aussi. C'est dans ce cadre qu'ils vont pouvoir définir leur rôle. Celui-ci peut être différent en fonction des équipes, voire même multiple au sein d'une même équipe. Une personne peut s'occuper des achats dans une équipe et organiser un événement dans une autre par exemple.

Pour comprendre un peu ce fonctionnement il est possible de le comparer à une équipe de football (ou autre sport collectif). Chaque joueur a en tête la vision globale de l'équipe qui est de gagner le match. Ils ont tous un rôle défini (défenseur, milieu, attaquant) mais sont également libres de prendre des initiatives s'ils pensent que cela peut servir à faire gagner leur équipe. Bien qu'il y ait un coach au bord du terrain il n'y a pas un manager derrière chaque joueur qui va lui dire à quel moment faire une passe ou un tir. Certains défenseurs peuvent aussi être de très bons joueurs de tête et marquer souvent des buts à l'image d'un salarié qui peut aller au-delà de son rôle principal pour servir son équipe. Si l'entreprise devait avoir sa place dans cette métaphore elle serait sûrement le "club" de sport qui accueille cette équipe (et potentiellement d'autres).

EVOLUTION

Les conséquences de cette organisation sont nombreuses. La première est qu'il n'y a pas d'organigramme dans l'entreprise. Il n'y a donc plus de promotion non plus. Les gens ne se battent plus pour un hypothétique avancement mais consacrent leur énergie à avancer concrètement sur leurs projets. Il n'y a donc pas de "point RH" au sens traditionnel mais cela n'empêche pas les gens de réfléchir à l'évolution de leurs rôles dans l'entreprise au fil des années et des projets (notamment grâce aux moments de feedback entre collègues). Cette évolution n'est donc plus guidée par une autre personne mais suit les aspirations et envies de chaque salarié. Devenir manager n'est plus le débouché d'une carrière réussie. Dans la pratique les salariés sont encouragés à se former sur leur domaine d'expertise ou sur n'importe quel autre domaine qui les intéressent de manière régulière. Un événement dédié à l'évolution des salariés dans leur rôle avec des temps de réflexion spécialement aménagés en ce sens est organisé au moins une fois par an[11]. Ces temps de réflexions peuvent être menés entre collègues ou avec un coach externe si besoin.

La seconde conséquence est la réattribution de certaines missions traditionnellement dévolues aux managers. Chaque personne étant responsable de son apport dans ses équipes elle est amenée à se questionner sur la manière d'être la plus efficace. Il est possible alors de mettre en place des outils de gestion de son temps, de ses objectifs ou de ses tâches de manière personnelle ou en relation avec les équipes. Ces activités sont directement entre les mains de chaque salarié. Il est à noter qu'il n'est absolument pas obligatoire de mettre de tels outils en place et que chacun est libre de faire comme bon lui semble pour mener à bien son travail. Il faut toutefois respecter les règles des différentes équipes s'il y en a et s'inspirer des principes de vie collectifs de l'entreprise.

TRAVAILLER DANS LES ÉQUIPES

Rejoindre une ou des équipes

La partie la plus concrète de l'autonomie c'est de pouvoir choisir les équipes et les projets dans lesquels travailler. La première équipe dans laquelle travaille un salarié est très souvent celle dans laquelle il a été embauché au départ. C'est dans cette équipe qu'il va suivre son parcours d'intégration et apprendre comment travailler dans cette organisation. Le choix de rejoindre une autre équipe, si besoin ou envie, arrive alors en général au bout de quelques mois ou parfois plus tôt si le projet de son équipe initiale se termine. En fonction de la taille de l'entreprise et de la variété des équipes qui la composent, en trouver une nouvelle peut être plus ou moins complexe. Ce processus peut être simplifié par la mise en place de règles internes de visibilité sur les différentes équipes (voire par la création d'une équipe dédiée à aider les gens à trouver de nouveaux projets). La plupart du temps une personne trouve une nouvelle équipe simplement en discutant avec ses collègues. Soit de manière informelle

---

[11] Voir chapitre Salaires et Évaluations à ce sujet

soit sur une demande d'expertise ou d'avis sur un autre projet. Il est également possible pour un employé de lancer sa propre équipe (cela arrive rarement avant plusieurs mois d'intégration dans l'entreprise).

Au fil du temps, des rencontres, et de ses aspirations, une personne est souvent amenée à travailler pour plusieurs équipes en même temps. Il est toutefois rare de travailler pour plus de trois ou quatre équipes à la fois. Il devient alors difficile de suivre l'ensemble des informations utiles pour mener à bien son travail dans chaque équipe. Là encore tout dépend de la typologie des équipes de l'entreprise. La capacité d'un employé à gérer son temps et son investissement dans chaque équipe met parfois plusieurs mois avant d'être bien maîtrisée.

Quitter une équipe

Chaque employé est libre de quitter une équipe quand il le souhaite. Dans l'immense majorité des cas une personne reste dans une équipe jusqu'à l'aboutissement du projet pour lequel elle s'était engagée. Il se peut également qu'elle la quitte après avoir terminé la tâche spécifique pour laquelle elle l'avait rejointe.

Il arrive cependant parfois qu'un membre d'une équipe souhaite la quitter "en cours de route". Aucun "contrat" n'est établi entre les salariés qui les forcerait contre leur gré à rester dans un projet qu'ils souhaitent quitter. Il est bien évident qu'il est toujours préférable qu'un salarié reste dans une équipe jusqu'à avoir terminé la tâche pour laquelle il l'avait rejointe mais parfois des événements font que ce n'est pas possible. Dans ces cas là il est préférable d'en parler le plus tôt possible et de proposer des solutions alternatives (un remplaçant, externaliser la tâche, un recrutement …). Dans tous les cas il vaut mieux partir d'une équipe que d'y rester et de subir son rôle dans le mécontentement.

PRISES DE DÉCISION

Travailler dans l'Organisation Z c'est être amené constamment à prendre des décisions qui peuvent impacter les projets et les membres de l'entreprise. Répartition de son temps, lancement d'une nouvelle idée, embauches, achats de matériel, organisation d'événements... Dans une entreprise traditionnelle ce sont les managers qui prennent ces décisions et en informent ensuite les personnes de leur équipe. Dans l'Organisation Z il n'y a plus de managers, tout le monde peut prendre ces décisions. Chacun est libre de prendre les décisions qui lui semblent justes dans tous les domaines. Certains vont alors penser que c'est le chaos qui règne lorsque les gens sont libres de décider ce qu'ils veulent. La réalité est bien sûr complètement différente.

Au-delà des grands principes directeurs exposés plus tôt dans ce livre, il y a trois prérequis indispensables pour que tout le monde puisse prendre de bonnes décisions. Le premier élément vital c'est la confiance. Tous les employés doivent se faire confiance entre eux. Il faut pouvoir évoluer dans un climat de confiance pour oser et discuter sereinement des différents choix avec ses collègues. Il faut aussi être en confiance pour pouvoir prendre le risque de se tromper. Et prendre une décision c'est potentiellement se tromper. La sécurité psychologique est le principal ingrédient des équipes qui fonctionnent bien.

Le deuxième élément nécessaire c'est la vision d'entreprise. Chaque employé qui maîtrise la vision globale de l'entreprise sait alors si ses décisions s'alignent avec celle ci. Il peut alors donner une direction globale à son action, choisir de consacrer son énergie à tel ou tel projet, lancer des initiatives ou encore embaucher. C'est notamment vital quand il s'agit de décisions sur la stratégie de l'entreprise (voir le chapitre à ce sujet).

Le dernier élément indispensable c'est la transparence. On comprend aisément que pour prendre une décision il faut avoir tous les éléments qui peuvent peser dans la balance. Comment savoir si je peux lancer un projet sans savoir s'il y a des fonds qui peuvent y être consacrés ? Comment savoir quand organiser une réunion si je ne peux accéder aux calendriers des autres ? Etc. Cela paraît évident mais la transparence est très rarement la règle dans les entreprises tradition-nelles. Surtout quand on parle d'argent.

Lorsque ces trois éléments (confiance, vision et transparence) sont clairement présents dans l'entreprise alors les décisions peuvent être prises de manière éclairée et cohérente.

PRENDRE UNE DÉCISION SANS CHEF : MODE D'EMPLOI

Lorsqu'un salarié ou une équipe doit prendre une décision qui peut impacter d'autres personnes le principe exposé dans *Reinventing Organizations* sous le nom de "Sollicitation d'avis" est utilisé. Ce principe a été formalisé à l'origine dans l'entreprise AES[12]. Voici comment ce processus fonctionne dans cette entreprise :

Pour prendre une décision il faut :
- Demander l'avis d'experts sur les sujets concernés
- Demander l'avis des personnes impactées de façon importante
- Étudier ces différents avis avec attention
- Prendre sa décision

Demander l'avis des experts

La première étape d'une prise de décision est donc de demander aux experts leur avis. On parle ici des experts dans les sujets concernés par la décision. Par exemple si une personne souhaite repeindre les bureaux en jaune il faudra consulter un expert en décoration. Il va donc falloir, dans un premier temps, pouvoir les identifier. En général, au sein des équipes, les compétences de chacun sont bien identifiées. Cela peut être plus complexe au niveau d'une entreprise, surtout si elle a beau-coup de salariés aux talents divers. Empiriquement les cas de décisions nécessitant des experts en dehors de ses équipes est assez rare. Dans l'immense majorité des cas une discussion orale avec quelques membres de son équipe suffit pour recevoir une expertise ou être mis en relation avec la bonne personne. Si ce n'est pas le cas et qu'il faut consulter des

---

12 *The Decision Maker* de Dennis Bakke, 2013.

experts en dehors de son équipe il peut être utile de mettre en place une cartographie des compétences de l'entreprise.

Dans tous les cas la recherche et la consultation des experts est un cheminement personnel. C'est à la personne qui prend la décision de choisir les experts qu'elle consulte. Un simple message sur l'outil de communication interne de l'Organisation Z suffit souvent à trouver la bonne personne avec la bonne expertise.

Certains champs de compétences peuvent être clairement identifiés. C'est souvent le cas pour les compétences transverses (finance, juridique, etc.) ou les métiers historiques de l'entreprise (qui sont donc souvent sollicités). Mais, même si ces expertises sont listées, chacun est libre de choisir la personne qu'elle reconnaît comme la plus compétente sur un sujet donné. Il est également possible, dans le cas où la compétence n'est pas disponible facilement, de consulter des experts externes à l'entreprise.

Demander l'avis des personnes impactées

La deuxième étape du processus de sollicitations d'avis est de demander l'avis des personnes impactées par sa décision. Cette étape est relativement aisée lorsqu'il s'agit de décision au sein d'une équipe. La plupart du temps un message sur l'outil de communication interne de l'équipe suffit également pour recueillir les avis des personnes impactées. Parfois il faut étendre cette communication à d'autres équipes voire à l'ensemble de l'entreprise pour des décisions très impactantes. Là aussi des canaux adaptés de communication doivent exister. Des procédures spécifiques pour les décisions qui impactent toute la société (lancement de projet, recrutement, dépense importante…) sont à mettre en place (réunion spéciale, canal de communication particulier, document pré-formaté etc…).

On pense souvent que cette étape est très chronophage car il faut obtenir des retours de toutes les personnes concernées. Or ce n'est pas le cas. L'Organisation Z repose simplement sur une obligation de moyens, pas sur une obligation de résultats. Il est indispensable que les gens qui souhaitent faire des retours puissent le faire mais il n'est absolument pas obligatoire que tout le monde fasse effectivement des retours. Au contraire, il vaut mieux avoir peu d'avis très qualifiés que beaucoup d'avis peu qualifiés. Au départ les salariés ont souvent tendance à donner leur avis sur tout et petit à petit seuls ceux avec un réel apport constructif s'expriment. C'est un processus qui nécessite un apprentissage.

Étudier ces différents avis et prendre une décision

La plupart du temps la difficulté de ce processus n'est pas dans le recueil des avis d'experts ou de collègues mais dans la prise en compte de ces avis. Il n'est pas facile de confronter son idée à l'expertise ou aux retours des autres. Surtout lorsqu'ils ont un avis contraire au sien. Dans le cas où tous les avis ne convergent pas, il n'est pas nécessaire de prendre une décision qui convient à tous (consensus), mais il faut toujours prendre une décision cohérente avec la vision et les valeurs de l'entreprise. Il faut savoir faire la balance entre conviction intime et une réalité parfois pessimiste.

L'ingrédient principal d'une bonne prise de décision c'est toujours la confiance. Confiance en soi d'abord, en ses idées et en ses forces. Confiance dans les autres ensuite, ceux qui donnent leur avis, soutiens comme détracteurs. C'est aussi dans la confiance que vient la prise de risque. Elle n'apparaît que dans un environnement dans lequel on se sent en sécurité. Il ne faut jamais sanctionner une personne dont la décision n'a pas porté ses fruits. Tout le monde fait des erreurs, la seule chose à exiger c'est de ne pas les reproduire.

Comme l'explique très bien Frédéric Laloux dans son livre, les décisions sont prises sur la base du mécanisme de Sensations et Réponses. Chaque personne doit sentir son environnement, son équipe, son rôle, ses partenaires… et déterminer s'il faut changer quelque chose dans son travail. Il faut être en écoute permanente de signes extérieurs et intérieurs qui peuvent aider à prendre les bonnes décisions. Le processus de sollicitation d'avis n'est là que pour enrichir ces sensations.

Ce processus, qui peut paraître long et complexe pour un regard extérieur, est en fait assez simple à utiliser au jour le jour. Après seulement quelques semaines dans l'entreprise les salariés parviennent à le maîtriser correctement. Il est aussi important de noter que les "petites" décisions du quotidien n'impliquent bien sûr pas de demander l'avis de tous ses collègues.

DONC TOUT LE MONDE PEUT FAIRE N'IMPORTE QUOI ?

Tout à fait. Ou plus précisément chacun peut prendre des décisions sur tous les sujets qu'il souhaite. Les salariés sont en totale liberté vis-à-vis des initiatives qu'ils peuvent prendre. On ne sait jamais d'où peuvent venir les idées qui rapprocherons l'entreprise de sa vision.

QUELS GENRE DE DÉCISIONS SONT AMENÉS À PRENDRE LES SALARIÉS ?

La principale décision que doit prendre chaque personne de l'entreprise c'est dans quelles équipes elle souhaite travailler (voir chapitre précédent). Ce choix très important est lui aussi drivé par le processus de sollicitations d'avis. Il peut aussi s'agir de lancer une idée pour l'entreprise (nouveau projet, nouvelle façon de faire, nouvelle organisation…). Ce processus est également très utile pour décider d'un investissement financier par exemple.

ET SI JE N'AI PAS ENVIE DE DEMANDER L'AVIS DES AUTRES ?

Ce processus de prise de décision est l'une des rares règles obligatoires dans notre entreprise. Il ne s'agit pas simplement de suivre rapidement le processus pour obtenir quelques avis rapides, il faut réellement discuter avec ses collègues. Si une décision est prise et qu'une personne qui aurait dû être consultée n'avait pas les moyens de s'exprimer un conflit va émerger.

EXEMPLE CONCRET ET COMPLET D'UNE PRISE DE DÉCISION

Maxime fait partie de l'équipe "Ours en Peluche" du fabricant de jouet "Peluches 3000". Cette équipe d'une dizaine de personnes s'occupe de concevoir et produire les ours en peluche. Maxime occupe essentiellement un rôle de graphiste dans l'équipe. Il s'occupe de dessiner les habits des ours en peluche. Après des semaines de travail un nouvel ours "blanc" va bientôt être ajouté à la gamme. Maxime a envie d'organiser une grande fête pour célébrer cela. Il veut donc prendre cette décision : "Organiser une fête pour le lancement de notre nouvel ours blanc en peluche". Notons qu'à ce stade il n'a pas spécialement d'objectif particulier si ce n'est de "faire la fête avec ses collègues".

La première chose à faire pour lui c'est de regarder si cette décision correspond aux valeurs de l'entreprise et rentre dans sa vision. Pour le bien de l'exemple nous allons dire que oui. De manière directe ou indirecte cela correspond à des valeurs comme l'esprit d'équipe, le fun, la bonne humeur... valeurs choisies chez Peluche 3000. Cela n'est également pas en contradiction avec la vision de l'entreprise. L'idée de Maxime passe donc la première étape.

Il en arrive donc maintenant à la sollicitation d'avis. Maxime se dit qu'il lui faudrait un expert de l'événementiel. Il n'y en a pas dans son équipe mais il connaît une personne qui a l'habitude d'organiser des événements pour l'entreprise. Il va donc discuter de son idée avec elle. Plusieurs sujets sont alors évoqués : le budget, la date, le thème de la soirée... Au fil de leur discussion il affine petit à petit son idée et répond aux différents sujets soulevés. Sur les conseils de cette même personne il consulte ensuite un expert juridique pour savoir quels sont les obligations légales lors d'une telle soirée.

Ayant eu ses réponses d'experts il se prépare donc à demander l'avis des personnes impactées. Il décide tout d'abord de demander l'avis directement dans son équipe. Il reçoit alors beaucoup de réponses, la plupart très positives, sur son idée. Il reçoit également beaucoup de propositions pour agrémenter son idée : ouvrir la soirée à toute l'entreprise, s'en servir pour communiquer auprès de la presse, faire cela dans tel ou tel lieu, etc... Une personne s'oppose même franchement à l'idée qui revient à jeter de l'argent par les fenêtres selon lui. Certaines des idées lui paraissent pertinentes et il les creuse alors avec les personnes qui les ont proposées. Plusieurs personnes souhaitent même le rejoindre pour aider à organiser la soirée.

Vient enfin le temps de la décision. Maxime décide d'organiser une soirée de lancement ouverte à tous les salariés de l'entreprise, mais pas aux journalistes. Il y consacre un budget de 1000€ et la soirée sera déguisée ! Il communique donc ensuite sur l'événement pour en informer tous les salariés.

L'ENVIRONNEMENT DE TRAVAIL

Habituellement la direction fixe tous les aspects de la vie de l'entreprise (objectifs, moyens, droits et devoirs de chacun…). Dans l'Organisation Z ce sont les salariés, au travers des équipes, qui reprennent à leur compte presque tous ces aspects. Le rôle le plus important de l'Entreprise devient alors de fournir les meilleurs conditions de travail possible pour ses employés. Cela peut paraître réducteur, voire insignifiant, c'est en fait fondamental. Fournir les conditions matérielles et intellectuelles de l'accomplissement de la vision de l'entreprise est un rôle extrêmement important. C'est dans l'établissement de cette structure concrète et abstraite que repose le bon fonctionnement de l'ensemble de l'organisation.

C'est en effet grâce à un environnement de travail efficace et plaisant que les salariés vont pouvoir s'épanouir et fournir le meilleur d'eux-mêmes. L'environnement de travail ne se limite bien sûr pas simplement au lieu physique du travail. Il ne s'agit pas simplement d'avoir des bureaux "sympas", un canapé, des babyfoots et de la nourriture gratuite. C'est une petite facette de ce qu'est l'environnement de travail. D'autres éléments, tous aussi importants voire plus, comme l'ambiance, la mobilité, les contraintes horaires ou physique, les outils, la sécurité psychologique ou encore la liberté d'action influent sur l'environnement de travail.

L'idée prépondérante derrière la mise en avant de tous ces éléments dans l'Organisation Z c'est de fournir un environnement qui laisse la place à une adaptation rapide et à un travail efficace. Sans hiérarchie, personne n'est là pour dire exactement comment il faut "faire" les choses mais ce que l'on peut garantir c'est qu'elles seront réalisées avec les outils et les conditions optimales. Lorsqu'une idée émerge ou qu'une décision doit être prise, l'entreprise (et son organisation) ne doit jamais être un frein.

Cet environnement de travail doit aussi favoriser la bonne communication et les bonnes relations entre les personnes. Il pousse les gens à aller les uns vers les autres et à prendre des initiatives en ce sens. Il leur donne les outils pour parvenir à communiquer et à s'organiser le mieux possible pour mener à bien leurs projets. C'est extrêmement important. Beaucoup de choses sont basées sur les rencontres et les discussions entre les salariés.

LES BUREAUX

La première chose à laquelle on pense quand on parle d'environnement de travail c'est le ou les lieux physiques dans lesquels est située l'entreprise. Un effort particulier est apporté pour proposer des espaces de travail dans lesquels les employés peuvent travailler efficacement. Les bureaux doivent être agréables, accueillants, confortables, calmes, lumineux, propres pour que l'on puisse s'y sentir bien au quotidien. Ces locaux sont aussi ouverts sur de très larges périodes horaires (voire 24h/24) pour permettre aux salariés de choisir leurs horaires librement.

Les salariés peuvent également librement choisir l'endroit où ils veulent placer leur bureau pour travailler. La société Valve aux USA a même été jusqu'à installer des roulettes sous chacun des bureaux de ses salariés. Ils peuvent ainsi facilement se déplacer dans l'entreprise en poussant leur bureau. Cela leur permet de passer d'une équipe à l'autre ou de former des groupes de travail physiquement proches pour une journée, une semaine ou plus.

Il est aussi important, comme décrit au chapitre précédent, que les bureaux comportent des espaces qui permettent aux salariés de réfléchir, de se reposer au calme ou encore d'être créatifs. Des lieux d'écoute et de réflexion peuvent être mis en place afin de permettre à chacun de s'isoler pour discuter d'une décision, d'un conflit ou simplement prendre le temps de souffler si le besoin s'en fait sentir. De la même manière des espaces dédiés à la créativité (pour organiser des sessions de brainstorming ou d'innovation par exemple) peuvent être mis en place.

LES SERVICES

Un collaborateur ne pourra pas travailler efficacement s'il est préoccupé, si son esprit est ailleurs ou s'il n'est pas bien physiquement. Les salariés sont donc amener à trouver des solutions ou à faire appel à des services pour répondre à leurs besoins et leurs envies. En fonction des entreprises cela peut prendre différentes formes : un service de conciergerie, une crèche, un coin snacks et boissons, un accès à une salle de sport, etc. Ces choix doivent respecter le processus de prise de décision et sont donc discutés ouvertement au sein de l'entreprise si cela impacte l'environnement de travail ou le budget.

LES OUTILS

Un environnement de travail efficace se doit de proposer les bons outils. Nous avons identifié deux besoins principaux qui nécessitent des outils standardisés dans l'entreprise : la communication et la collaboration. Des outils répondant à d'autres besoins peuvent bien sûr être mis en place au sein des équipes. Moins il y a d'outils imposés mieux les salariés se porteront.

La communication

L'outil le plus important de l'entreprise est celui qui permet la bonne communication entre les employés. L'information doit être disponible pour tous ceux qui en ont besoin. Il y a beaucoup de type d'informations qui peuvent être utiles dans l'entreprise mais toutes ne sont pas utiles à tous. Il faut un outil capable de permettre les discussions entre deux personnes, entre un groupe de personnes (équipes) et pour toute l'entreprise. Il faut aussi que cet outil puisse permettre d'informer les gens sur certains aspects (absences, réunions, événements…).

Il existe de nombreux outils numériques pouvant répondre à ces besoins. Ces outils permettent de remplacer complètement les emails, les communications sur Skype et l'envoi de fichiers si on l'utilise à son plein potentiel. Nous n'allons pas entrer dans les détails de l'utilisation d'un tel outil mais il est au coeur de toute la transmission d'informations dans l'organisation. Il est utilisé dans toutes les équipes afin de communiquer et s'organiser. Il sert aussi pour poster les horaires et sujets de réunions, les absences ou toutes les autres annonces utiles pour tous. Libre à chaque entreprise qui souhaite mettre en place l'Organisation Z d'utiliser son propre outil de communication.

Ce genre d'outil nécessite une période d'apprentissage. Il ne suffit pas de le proposer aux salariés pour que d'un coup tout le monde communique efficacement et que toutes les informations soient transmises aux bonnes personnes. Un certains nombres de règles et de bonnes pratiques pour pouvoir placer les bons messages aux bons endroits sont donc à définir. Certains canaux sont réservés aux discussions entre équipe, d'autres aux informations utiles ou encore certains aux discussions liées aux métiers etc... Ce livre n'a pas pour objectif d'aller dans le détail de l'utilisation de ces logiciels de communication mais leur bonne prise en main est un élément essentiel de la réussite d'une transformation d'entreprise.

La collaboration

L'autre outil mis en place sert aux salariés à collaborer efficacement entre eux. Sur cet aspect le métier de l'entreprise va jouer énormément. Ces outils ne seront bien sûr pas les mêmes entre une usine de voitures, un bureau d'architectes ou une agence de sites web. Ce qui est important c'est que ces outils permettent aux salariés de réellement travailler ensemble.

Concrètement un environnement de travail numérique partagé et centralisé est mis en place pour que les salariés puissent partager et collaborer sur l'ensemble des documents de travail de la société (type dossiers de stockage partagés en ligne). Cela permet aussi de sauvegarder tous ces documents et de pouvoir les retrouver facilement. La prise en mains de ces outils est une étape importante de notre processus d'intégration dans l'entreprise. Il faut que les employés puissent, de manière autonome, créer et partager leurs documents simplement.

Tous les outils mis en place permettent aussi de garantir la transparence de toutes les informations échangées dans l'entreprise. L'ensemble des documents, canaux de communications, messages... sont accessibles par tous (notamment les informations sur la stratégie ou les salaires). Il est bien sûr possible de créer des espaces de discussions privés pour éviter de surcharger ses collègues d'informations. Il est très important que les salariés puissent avoir accès à l'ensemble des documents et décisions sur les projets et sur l'entreprise en général de manière simple et rapide.

III

PROCESSUS NIVEAU 1

La vie quotidienne d'un salarié au sein d'une entreprise est marquée par une quantité de règles et de rituels. Dans les chapitres qui suivent nous présentons tout ce qu'il faut transformer dans son entreprise pour passer à l'Organisation Z. Comme expliqué dans l'introduction du livre nous introduisons ces différents processus dans un ordre lié à leur niveau de difficulté de mise en oeuvre. Se retrouvent donc dans cette première partie (niveau 1) les règles et processus les plus simples à transformer.

LES RÉUNIONS

Les réunions cristallisent de très nombreuses frictions dans les entreprises. Elles sont l'objet de nombreuses critiques sur leur efficacité ou leur coût. Une des premières étapes pour transformer son entreprise est de s'attaquer à la "réunionite". Le but étant de réduire le nombre de réunions et d'en augmenter la qualité.

Il existe au final assez peu de bonnes raisons de provoquer des réunions. La plupart du temps les réunions sont utilisées comme moyen d'informer et d'échanger autour d'un sujet (un projet, une équipe, un budget…) sans déboucher sur des décisions importantes. Il faut que les personnes aient une vraie raison de se réunir, un vrai but, un problème qui ne peut se résoudre qu'en rassemblant plusieurs personnes dans une salle pendant un certain temps. On se rend bien compte que cela est assez rare au final. Lorsque les employés travaillent en autogestion et utilisent les canaux de communication efficacement il reste peu de sujet à traiter en réunion.

Le meilleur moyen de savoir si une réunion est vraiment utile est de laisser les gens choisir d'y participer ou non. Toutes les réunions sont clairement annoncées à tous et chacun est libre d'y venir. Comme évoqué précédemment elles doivent avoir un but précis afin que chacun puisse déterminer s'il souhaite y participer ou non. Si la réunion est trop vague ("point sur le projet" par exemple) elle ne permet pas au salarié de se prononcer sur sa participation.

C'est en partie pour cela que l'objet de la réunion doit être clair et précis. La personne qui voit le sujet d'une réunion doit être capable de se prononcer sur sa capacité à faire avancer la discussion vers l'objectif annoncé. S'il sent que sa participation peut, soit aider à faire avancer le sujet, soit l'aider lui à avancer sur un des problèmes qu'il rencontre alors il va volontairement y participer.

Les réunions sont souvent utilisées comme des moyens de communication descendants en entreprise. Un manager convoque les gens à une réunion (réunion de service, point hebdomadaire, …). Lorsque l'on redonne son vrai sens à la réunion on se rend compte qu'elle peut être utile pour n'importe quel salarié, et pas que pour les managers. Chaque personne dans l'organisation peut avoir besoin de réunir plusieurs collègues pour remplir un objectif. Il y a aussi souvent une confusion entre la personne qui a un problème à résoudre et la personne qui "mène" la réunion. Il s'agit souvent de la même personne mais pas toujours. Modérer une réunion requiert un réel savoir-faire et tout le monde ne maîtrise pas cela. Il faut donc être capable de laisser la conduite de la réunion à une personne qui n'est pas forcément celle qui l'a organisée.

CONCRÈTEMENT

Les quelques règles de base pour les réunions dans l'Organisation Z sont donc :
- toutes les réunions sont ouvertes à tous
- la participation est uniquement volontaire
- tout le monde peut organiser une réunion
- chaque réunion a un objectif clair annoncé
- chaque réunion est modérée
- chaque réunion fait l'objet d'un compte rendu

Avant de revenir dans le détail sur ces règles il faut définir un peu les différents types de réunions qui existent, car cela va sans dire que tout le monde ne participe pas à toutes les réunions. Pour faciliter l'organisation et la compréhension nous avons identifié trois types de réunions :

Les réunions globales

Ce sont les réunions qui concernent tous les salariés de l'entreprise. Ces réunions sont relativement rares. Lors de ces réunions il est demandé à chaque équipe d'envoyer au moins un représentant. Ces réunions sont identifiées par le mot-clé "globale" dans leur nom. Un bon moyen de savoir si une réunion est globale ou pas consiste à se demander s'il serait pertinent que cinquante ou cent personnes viennent y participer. Ai-je une question qui ne peut se résoudre qu'en réunissant potentiellement toute l'entreprise ?

Exemple : *[Globale] Choix de la mutuelle de l'entreprise – 60min*

Les réunions locales

Les réunions locales sont organisées au sein des différentes équipes ou inter-équipes. Elles sont organisées en fonction des besoins. Il peut s'agir de réunions pour prendre une décision sur un sujet particulier, faire un achat, lancer une action spécifique, … Chaque équipe est libre de s'organiser comme elle le souhaite autour de ces réunions. Elles sont précédées par le nom de l'équipe qui les organise.

Exemple : *[Equipe Peluche] Achat d'une nouvelle machine - 45min*

Les réunions ad-hoc

Il existe d'autres types de moments où les salariés se réunissent comme les formations, les bilans de projet, les brainstorming, les team-buildings… Ce sont des réunions qui ne concernent pas forcément spécifiquement un projet. Ces réunions sont organisées de manière ad-hoc (sur-mesure avec un objectif précis) en fonction des besoins. Elles doivent être précédées de la mention [Ad-hoc].

Exemple : *[Ad-hoc] Formation anglais niveau 2 – 2h*

LA TYRANNIE DES "POINTS"

Beaucoup de réunions sont des "points". "On se voit pour faire un point", "On en discute à notre point hebdomadaire", "On fera un point finance"… Ce type de réunions est néfaste pour deux raisons.

La première c'est qu'ils vampirisent tous les autres moments d'échange sur un sujet. Si j'ai une réunion finance vendredi prochain je vais attendre pour poser ma question sur la finance à ce moment là. Et pendant ce temps je reste bloqué sur mon problème. Les gens attendent de profiter de ces points pour poser des questions ou donner leur avis sur un sujet alors qu'ils devraient le faire au moment où la question ou l'avis émerge.

L'autre problème est de fournir trop d'informations disparates en une seule fois. Lors d'un "point projet" tous les salariés du projet sont réunis et on discute pêle mêle de tous les aspects du projet, la plupart des personnes n'étant en fait intéressées que par un ou deux éléments dans le lot. Ils subissent alors une avalanche de sujets, souvent désordonnés, sans avoir forcément le temps de creuser ceux qui les intéressent vraiment.

Si la communication est bonne dans l'entreprise il n'y a jamais besoin de faire des "points". Une personne doit toujours avoir les moyens de savoir où en est un projet sans avoir besoin de réunir plusieurs personnes dans une pièce.

ORGANISER UNE RÉUNION

Voici les règles qui régissent l'organisation des réunions dans l'Organisation Z :
1. Préparer l'ordre du jour (l'objectif de la réunion).
2. Ajouter l'événement dans un agenda partagé visible par tous.
3. Communiquer sur l'événement (titre, date, objectif, durée) sur un canal visible par tous ceux "invités" à la réunion.
4. Prévenir au minimum 1 jour à l'avance pour les réunions locales, 3 jours pour les globales et ad-hoc.

LE DÉROULEMENT D'UNE RÉUNION

Au-delà de la fréquence il est aussi important de travailler le déroulé des réunions. Il est important que chacun puisse s'exprimer et qu'il garde en tête avant tout la vision de l'entreprise. Il faut que chacun puisse faire entendre sa voix et que les personnes s'expriment librement sans que les égos prennent le dessus. Il faut s'assurer que l'objectif de la réunion soit pleinement rempli à l'issue de celle-ci. Voici le déroulement d'une réunion :

Check-in

Comme on ne sait pas qui exactement sera présent à la réunion il est inutile d'attendre les retardataires éventuels. Les réunions commencent donc à l'heure. La première étape va être de confier à deux personnes volontaires deux rôles particuliers : modérateur et rapporteur. Il est assez courant que le modérateur de la réunion soit la personne qui a provoqué la réunion mais ce n'est pas obligatoire. Il est possible de faire tourner ces rôles pour que chacun apprennent à les maîtriser.

Le modérateur a pour mission de permettre à tous les sujets placés à l'ordre du jour d'être traités dans le temps imparti. Il peut à loisir réordonner les points de l'ordre du jour si cela lui semble pertinent (notamment s'ils semblent trop nombreux pour la durée prévue). Une fois que tout le monde est d'accord sur l'ordre du jour le meeting peut démarrer. Le rôle du modérateur est parfois assez complexe à maîtriser car il nécessite de garder du recul sur les sujets discutés et de très bien gérer le temps de la réunion. Il faut parfois savoir couper la parole de certains ou encourager d'autres à s'exprimer. C'est un rôle qui nécessite de l'entraînement mais tout le monde peut y arriver. Il peut être nécessaire de mettre en place une formation spécifique pour cela.

Le rapporteur, quant à lui, a pour mission de rédiger le compte-rendu de la réunion (voir ci-dessous). C'est un rôle qui nécessite de suivre avec attention les échanges afin d'en tirer les éléments utiles.

Corps de la réunion

Les points présents à l'ordre du jour sont traités les uns après les autres. Pour chaque point à l'ordre du jour le déroulement est généralement le suivant :

1. Annonce du point par le modérateur
2. Présentation du sujet par la personne qui a mis le point à l'ordre du jour
3. Questions / remarques de la part des présents
4. S'il y a une décision à prendre : tour de table sur le sujet
5. Annonce de la décision par la personne ayant mis le sujet à l'ordre du jour

Cette structure est faite pour que les réunions ne s'éternisent pas. Avec un peu d'entraînement une équipe entraînée peut réussir à traiter énormément de points en très peu de temps. Cette méthodologie se rapproche ici du système de l'Holacracy [13] sans forcément être aussi rigide dans l'application.

---

[13] Dans l'Holacracy les réunions tiennent un rôle majeur dans l'organisation. Il existe deux types de réunions (triage et gouvernance) et elles suivent un fonctionnement très cadré qui permet de traiter rapidement un ordre du jour très fournis. Voir *Holacracy* de Brian J. Robertson, éditions Penguin Business 2015.

Compte-rendu

Toute réunion doit faire l'objet d'un compte-rendu. A minima, il faut y faire figurer l'ordre du jour et les décisions prises lors de la réunion qui peuvent impacter les autres membres de l'équipe / de l'entreprise. Le compte-rendu doit ensuite être rendu disponible pour tous. Les comptes-rendus sont essentiellement rédigés pour les personnes qui n'ont pas participé à la réunion mais qui souhaitent tout de même savoir ce qui a été décidé. Il est souvent plus efficace de rédiger le compte-rendu immédiatement après la fin de la réunion pour être sûr de ne rien omettre. Il est également pratique de s'accorder sur un format de compte-rendu standard pour gagner en efficacité sur cette étape. Par exemple il est tout à fait possible de se filmer et faire ce compte-rendu à l'oral. Ce sera peut-être plus rapide à réaliser et plus consulté en interne que de le formaliser par écrit.

IL EST POSSIBLE DE FAIRE UNE RÉUNION SUR TOUT ET N'IMPORTE QUOI ?

En théorie oui. En pratique il faut qu'un minimum de gens soient potentiellement intéressés par le sujet. L'important est d'avoir un but pour cette réunion. Si l'objectif n'est pas clair c'est sûrement qu'une discussion informelle peut permettre d'avancer sur le sujet.

J'AI BESOIN D'OBTENIR DES FEEDBACKS SUR QUELQUE CHOSE, DOIS-JE FAIRE UNE RÉUNION ?

Il existe souvent des méthodes plus efficaces qu'une réunion pour obtenir des feedbacks sur un sujet. La première est de le poster sur le logiciel de discussion interne et de laisser les gens faire leurs commentaires (directement dessus ou dans un document). L'échange en face à face a bien sûr également toute sa place pour obtenir des feedbacks.

SI JE VEUX DISCUTER D'UN SUJET AVEC UNE PERSONNE IL FAUT FAIRE UNE RÉUNION ?

Pas besoin non. Il est possible à tout instant de demander à parler avec quelqu'un sans avoir besoin de faire une réunion.

COMMENT FAIRE SI JE VEUX ORGANISER UNE RÉUNION MAIS QUE JE NE PEUX PAS RESPECTER LE PRINCIPE DE "PRÉVENIR 1 JOUR OU 3 JOURS À L'AVANCE" ?

En cas d'extrême urgence il est possible de ne pas respecter la règle des 1/3 jours. Pour cela il faut que la survie d'un projet ou de la société soit en jeu.

RÉSOLUTION DE CONFLITS

Les désaccords sont indispensables au bon fonctionnement de l'organisation. Comme dans n'importe quelle communauté une entreprise fait face à des situations conflictuelles qui peuvent porter sur une grande variété de sujets. Il est important de les résoudre de manière efficace et rapide. C'est aussi au travers de ces désaccords que l'organisation s'améliore. Il arrive parfois que de ces désaccords naissent des situations plus sérieuses que nous appelons conflits. Traditionnellement ce sont les managers qui ont pour charge de résoudre les conflits dans l'entreprise. Comme il n'y a plus de managers dans l'Organisation Z ce sont les salariés entre eux qui doivent résoudre leurs désaccords, et par extension, leurs conflits.

Pour les résoudre au mieux l'Organisation Z se base déjà sur un ensemble de valeurs qui permettent de se comporter au mieux dans ces situations : bienveillance, honnêteté, maîtrise de son égo, prise de recul,... C'est aussi grâce à des méthodes de communication efficaces (outils numériques, communication non violente,...) que les salariés peuvent s'entraîner à comprendre les origines des problèmes et à les résoudre sans tomber dans un compromis qui ne satisfait personne.

Ces méthodes permettent aux conflits d'être résolus de manière privée et de ne pas s'étendre à d'autres personnes que les parties concernées. La confidentialité est très importante pour atteindre une résolution rapide entre les deux personnes engagées. Cela évite les rumeurs et les effets négatifs de personnes extérieures qui n'ont pas forcément une vision claire du problème.

IDENTIFIER SES CONFLITS

La première étape pour résoudre un conflit c'est de l'identifier clairement. La plupart du temps les conflits émergent sur des éléments liés aux projets (conflit sur une tâche à effectuer ou sur la méthode employée). D'autres conflits peuvent aussi émerger en rapport avec les relations aux autres (conflits relationnels ou mésententes sur les rôles au sein d'un projet). Au final le type de conflit influe peu sur la méthode de résolution.

Comme expliqué dans d'autres chapitres l'ensemble des personnes de l'entreprise sont incitées à prendre le temps de faire le point sur leur ressenti par rapport à leur travail, leurs relations avec les autres ou les rôles qu'ils ont choisi. Cela peut parfois permettre d'identifier des conflits qui ne sont pas évidents au premier abord. Plus tôt une situation problématique est identifiée plus sa résolution sera rapide. Les espaces de réflexions de l'entreprise peuvent aider à s'isoler et à identifier ses problèmes. Ceci n'est pas forcément naturel et des formations de développement personnel peuvent aider.

LA MÉTHODE DE RÉSOLUTION DE CONFLIT

Pour résoudre les conflits l'Organisation Z utilise la méthode du Accountability Process[14] (Processus de responsabilité) mise en place chez Morning Star (une société industrielle aux USA) et utilisé dans de nombreuses entreprises avec des fonctionnements libérés.

La méthode de résolution de conflit repose en partie sur une bonne utilisation de la communication non-violente[15] (CNV). La CNV fait partie des piliers de notre organisation et fait l'objet de formations spécifiques. L'objectif de la sortie de conflit est de trouver une solution qui soit gagnante pour les deux parties et non un compromis qui ne satisferait, au final, personne. C'est donc dans un esprit "positif" que doivent se passer les étapes de la résolution du conflit. Voici résumées les étapes de l'Accountability Process :

---

[14] *Beyond Empowerment: The Age of the Self-Managed Organization* de Doug Kirkpatrick, 2011
[15] Traduction de *Nonviolent Communication*, méthode de communication élaborée par Marshall Rosenberg dans les années 1970. Selon l'auteur : « La Communication NonViolente, c'est la combinaison d'un langage, d'une façon de penser, d'un savoir-faire en communication et de moyens d'influence qui servent mon désir de faire trois choses : me libérer du conditionnement culturel qui est en discordance avec la manière dont je veux vivre ma vie ; acquérir le pouvoir de me mettre en lien avec moi-même et autrui d'une façon qui me permette de donner naturellement à partir de mon cœur ; acquérir le pouvoir de créer des structures qui soutiennent cette façon de donner. »

Résolution en tête à tête

Lorsque deux personnes ont un conflit à résoudre elles doivent commencer par se rencontrer en tête à tête. Les deux parties sont alors encouragées à utiliser la communication non violente afin de formaliser leurs besoins et de formuler des solutions potentielles au conflit. Si jamais les deux personnes n'arrivent pas à trouver une résolution positive à leur conflit elles passent à l'étape suivante.

Résolution avec un médiateur

S'ils ne peuvent trouver une solution, ils peuvent proposer à un tiers de confiance de venir les aider à résoudre leur situation de conflit. Cette personne n'est pas là pour trancher leur problème mais pour les aider à mettre en oeuvre les méthodes de communication évoquées, prendre du recul sur la situation et les faire avancer vers une résolution. Si toutefois cela ne suffit pas ils passent à l'étape suivante.

Résolution avec un panel

La dernière étape de résolution repose sur la réunion d'un panel de personnes dont l'objectif est d'aider à trouver une solution au problème. Ces personnes peuvent être choisies par les salariés ayant un conflit ou être tirées au sort s'ils n'arrivent pas à s'accorder sur des noms. Dans les faits il est très rare d'atteindre cette étape.

Résolution par le fondateur

Si toujours aucune solution n'est trouvée alors le fondateur de l'entreprise peut trancher le conflit. C'est un cas extrêmement rare qui se termine souvent par le départ d'une des deux personnes. Lorsqu'on arrive à un tel niveau de conflit c'est généralement qu'une des deux personnes n'a plus sa place dans l'entreprise.

Cette méthode permet de résoudre rapidement et de manière claire tous les conflits qui émergent dans l'entreprise. Heureusement la plupart des désaccords entre salariés se résolvent par une simple discussion mais le fait d'avoir un processus simple et clair permet d'aborder avec plus de sérénité cette partie de la vie de l'entreprise souvent anxiogène.

ENGAGEMENT DANS SON TRAVAIL

Nous avons choisi de regrouper sous le mot "engagement" différents aspects de la vie quotidienne au travail : horaires, vacances, télétravail... Ces différents éléments sont liés les uns aux autres et décrivent d'une manière générale la "présence" d'une personne sur le lieu de travail. Nous aborderons aussi des éléments connexes comme la flexibilité ou les congés maladie.

Faire des heures supplémentaires, arriver en avance, partir tard le soir, ne jamais s'absenter, c'est dans beaucoup d'entreprises une façon de montrer aux autres que l'on mérite son salaire, et en même temps ce n'est pas un gage de performance ou de productivité. Chaque personne a son propre rythme, ou des périodes avec plus ou moins de charge de travail. Il est essentiel que l'on puisse organiser son temps de travail et ses horaires en fonction de ses priorités. Dans l'Organisation Z, être sur son lieu de travail un nombre d'heure précis dans une semaine ne doit pas être un objectif pour les salariés. C'est pour cela qu'il n'y a pas de mesures du temps passé au travail. Les horaires de travail sont donc complètement libres, chacun décide de son investissement avec son équipe en fonction des tâches à réaliser et de ses priorités.

De la même manière personne ne vérifie qu'un salarié "travaille" effectivement quand il n'est pas physiquement au bureau. Libre à chacun de choisir le lieu depuis lequel il est, pour lui, le plus pratique de travailler. Tant que sa ou ses équipes sont prévenues, chaque salarié peut arranger ses présences au bureau comme il le souhaite. Cela peut permettre plus facilement de concilier vie professionnelle et vie personnelle.

Enfin les jours de vacances des salariés ne sont pas limités. Chaque salarié peut partir autant en vacances qu'il le souhaite. Il n'y a pas de distinction entre une personne qui n'est pas physiquement présente pour le télétravail ou pour les vacances. Il est essentiel que chacun puisse trouver un bon équilibre entre vie professionnelle et vie privée. On ne peut pas être épanoui au travail si on n'est pas heureux chez soi, et inversement. Le travail ne doit donc pas prendre le pas sur les autres engagements de la vie.

LES HORAIRES DU BUREAU

Comme évoqué précédemment il n'y a pas d'horaires obligatoires. Les salariés sont libres d'arriver et de repartir du bureau quand ils le souhaitent. Ils peuvent également s'absenter en fonction de leurs besoins. Dans l'Organisation Z, il est par contre demandé à chacun de prévenir son équipe en cas d'absence. Un simple message "Je quitte le bureau à 16h" peut suffire, mais cela permet d'une part d'éviter de se poser des questions au sein de l'équipe ou de bloquer le travail des autres.

Les salariés sont également encouragés à parler de leurs engagements ou activités en dehors de l'entreprise. Une personne qui explique pourquoi elle sera absente à tel ou tel moment aura d'autant plus facilement la confiance de ses collègues. Il est clair que le travail ne vient pas toujours en premier dans la vie d'une personne et il ne faut pas hésiter à en parler aux autres. La flexibilité devient alors choisie et non subie. Ce sont les salariés eux-mêmes qui choisissent leur investissement dans l'entreprise au jour le jour. Tout le monde sait qu'à certaines périodes il y a plus ou moins de travail et chacun fait le choix de participer plus ou moins dans ces moments-là.

TÉLÉTRAVAIL

Comme expliqué plus haut aucune présence particulière dans les bureaux n'est imposée. Les salariés sont libres de travailler quand ils le souhaitent mais aussi où ils le souhaitent. La seule chose vraiment importante est de s'accorder avec son ou ses équipes pour fonctionner de manière optimale. Il ne faut pas que l'absence physique au bureau entrave le travail des autres membres de l'équipe.

Il faut donc réussir à faire en sorte que les salariés puissent travailler en dehors du bureau s'ils en ont envie. Tous les outils informatiques sont accessibles en ligne depuis n'importe quel ordinateur. Un salarié en télétravail peut tout aussi bien discuter avec ses collègues et utiliser les fichiers de l'entreprise que s'il était au bureau. Même les réunions peuvent potentiellement se faire à distance avec un appel sur un outil de communication. Il est tout de même préférable d'avoir un maximum de salariés physiquement présents aux réunions pour améliorer la qualité des échanges.

Afin de faciliter le travail à distance il est également possible de proposer aux salariés qui le souhaitent d'utiliser un ordinateur portable. Certains font le choix d'utiliser un portable comme ordinateur principal et d'autres ne les utilisent que si besoin. Il peut être utile d'en avoir un certain nombre en libre-service disponibles pour tous les salariés. Il n'y a aucun formulaire ni démarche à faire pour pouvoir les prendre. Les salariés peuvent installer ce qu'ils veulent sur ces portables et les utiliser comme bon leur semble.

VACANCES

Comme présenté en introduction les salariés peuvent prendre autant de vacances qu'ils le souhaitent. La liberté de chacun dans la gestion de son temps et de ses priorités entre vie de famille et travail est une des priorités de l'Organisation Z. Chacun est donc libre de s'organiser comme il le souhaite pour trouver le bon équilibre qui lui permet de pouvoir donner son maximum. Il est important que chacun prenne des temps de repos durant l'année pour se ressourcer.

En tout premier lieu il faut prévenir son équipe et respecter le processus de prise de décision classique. En parler avec ses collègues, vérifier que son absence ne perturbe pas le travail des autres et bien anticiper ses conséquences. Ensuite les salariés doivent déclarer leurs vacances dans un fichier dédié. Cela permet aux autres de pouvoir voir qui a prévu des vacances quand. Il n'y a aucune règle particulière de plus à suivre. Les jours déclarés sont reportés en fin de mois sur le bulletin de paie.

En cas de maladie la personne concernée doit prévenir dès que possible ses équipes afin que chacun sache ce qu'il en est. Si c'est possible ils peuvent également remplir le fichier "vacances" évoqué ci-dessus avec la durée de leur période d'arrêt. Toute personne malade continue de toucher l'intégralité de son salaire peu importe la durée de son absence.

MODES D'EMPLOI

L'Organisation Z repose en partie sur une bonne compréhension d'un certain nombre de processus par les salariés (comme tous ceux présentés dans ce chapitre). Ceux-ci sont décrits dans un ensemble de documents appelés "mode d'emploi" ou "how-to" en anglais. Ces documents sont consultables par tous mais ils sont surtout éditables par tous dans un dossier partagé. Chaque salarié peut venir changer la façon dont l'entreprise fonctionne en fonction de ses expériences ou de son ressenti. Tout cela est effectué dans une démarche d'amélioration continue de l'organisation. La création d'un mode d'emploi peut partir d'un questionnement ou de l'envie de préciser un point de fonctionnement de l'entreprise.

Ces modes d'emploi existent pour tous les sujets de la société. On retrouve ainsi des documents sur la vie quotidienne de l'entreprise (réunions, horaires, …), sur des processus un peu plus complexes (prises de décisions, gestion des conflits, …), sur des aspects financiers (achats, salaires, …) ou encore sur des aspects de ressources humaines (recrutement, intégration des nouveaux …).

Ces modes d'emploi ne forment pas un règlement contraignant mais plutôt un ensemble de bonnes pratiques construites avec l'expérience au sein des équipes. Ils ne sont pas à apprendre par coeur mais à consulter quand une question se pose ou un problème survient (essentiellement pour les nouveaux employés). Il faut faire confiance aux salariés pour suivre ces recommandations et les améliorer. L'organisation n'est pas figée, elle évolue au fil du temps. La connaissance de ces pratiques prend du temps et constitue une étape importante de l'intégration des nouveaux.

CRÉATION

La plupart des modes d'emploi sont à créer dans les premiers mois de la transformation de l'entreprise. Leur écriture nécessite de passer en revue les processus usuels et de les écrire au fur et à mesure. Le format de ces modes d'emplois est similaire à celui des chapitres de ce livre.

Nous l'avons écrit avec l'idée qu'il serve à construire les premiers modes d'emploi de votre transformation.

D'autres modes d'emploi viendront ensuite compléter la liste au fur et à mesure des besoins. Les salariés sont encouragés à rédiger des modes d'emploi le plus régulièrement possible lorsqu'ils font face à une situation où ils n'ont pas trouvé d'aide dans ceux déjà existants. Il n'y a pas besoin de rédiger des documents longs et compliqués, il suffit parfois d'expliquer en quelques phrases une situation et sa solution pour faire gagner beaucoup de temps à d'autres quelques semaines ou mois plus tard. Ainsi certains mode d'emplois ne font qu'une dizaine de lignes quand d'autres font plusieurs pages.

Il n'y a pas vraiment de règles précises pour la rédaction de ces guides. Comme évoqué plus haut la structure "Concept, Concrètement, Questions" paraît la plus adaptée et permet de traiter le sujet de manière ordonnée. Ces modes d'emploi utilisent le tutoiement et un style informel pour faciliter la lecture et se placer au plus proche des futurs lecteurs. L'idée est celle de retrouver la sensation que c'est un collègue qui explique "comment ça marche" (voir exemple à la fin de ce chapitre).

MODIFICATION

Comme expliqué plus haut ces documents sont éditables par tous les salariés. L'objectif est que ces guides évoluent avec l'entreprise. Souvent le salarié commence par poster un commentaire sur une partie du document qu'il juge améliorable. Cela envoie une notification à l'auteur (ou les auteurs) du mode d'emploi qui peuvent alors répondre à la remarque. En général une simple discussion s'engage et le document est modifié ensuite.

Les salariés peuvent également directement le compléter. Cette action doit suivre le processus normal de prise de décision de l'entreprise et doit se faire après avoir consulté les experts du sujet. La plupart du temps la personne présente son ajout ou sa modification sur notre logiciel de communication afin de permettre aux personnes qui se sentent concernées de répondre. Il est très rare que des modifications soient "rejetées". La plupart du temps le document s'enrichit à chaque ajout ou modification.

USAGE

Ces documents balayent un grand nombre de sujets. La plupart sont très utiles pour les nouveaux arrivants qui se familiarisent avec l'Organisation Z (voir processus d'intégration). Ils sont souvent utilisés la première fois qu'un salarié est confronté à une situation nouvelle. Par exemple si une personne veut organiser une réunion pour la première fois il va lire le mode d'emploi sur le sujet. Cela doit lui permettre de se débrouiller sans avoir besoin de l'aide d'autres personnes. Il peut être également utile de discuter avec un salarié plus ancien si jamais le besoin s'en fait sentir.

Il y a également certains sujets qui sont très structurants dans l'entreprise et dont le mode d'emploi est à bien maîtriser. C'est le cas par exemple de la prise de décision, du fonctionnement en équipe ou encore de la politique salariale. Ces sujets-là ont souvent des modes d'emploi de plusieurs pages et font souvent l'objet d'une formation en plus de la lecture du document. Il y a également un mode d'emploi particulier qui se nomme "Bienvenue", qui est le tout premier à être lu en arrivant, et qui explique comment tout cela fonctionne. On y retrouve également la liste des autres modes d'emplois avec une courte description.

Exemple d'un mode d'emploi fictif (simplifié) sur le travail à distance :

TRAVAIL À DISTANCE

Concept

Nous n'imposons aucune présence particulière dans nos bureaux. Il est possible pour chacun de travailler depuis chez lui dans la mesure où cela n'entrave ni son travail ni celui de ses équipes.

Concrètement

Tu peux décider de travailler depuis chez toi tant que tu as prévenu ton ou tes équipes. La plupart des outils que nous utilisons pour stocker de l'information ou discuter sont disponibles en ligne (Slack, Google Docs notamment). Tu peux donc emmener à loisir ton ordinateur chez toi pour travailler.

Questions

Est-ce que je peux travailler de chez moi pendant longtemps ?

A partir du moment où tu en as discuté avec tes équipes il n'y a pas de souci pour travailler à distance pendant une longue période. Attention cependant à bien prendre en compte les réunions ou prises de décisions sur les projets.

IV

PROCESSUS NIVEAU 2

L es processus vus dans le chapitre précédent sont relativement "simples" à mettre en place. Dans cette deuxième partie nous allons nous attarder sur des éléments un peu plus complexes à traiter : feedback, gestion de projet, recrutement et intégration des nouveaux. La plupart des salariés n'ont pas l'habitude de s'emparer de ces sujets souvent réservés aux managers. Ils vont devoir faire l'effort de se former et de participer à ces processus qui sont au coeur de l'Organisation Z.

FEEDBACK

Avoir des retours sur ses actions dans l'entreprise est très important. Cela permet aux salariés de grandir et de continuer à travailler sur leur place dans l'entreprise. Sans manager ou personne qui supervise son travail il est parfois difficile d'avoir des retours (positifs ou négatifs) sur ce que l'on fait. Il est donc important de mettre en place un processus spécifique visant à combler ce besoin. Cela permet aussi de se positionner dans une démarche d'amélioration continue. C'est un exercice d'ouverture et de confiance.

Ces retours sont un puissant outil d'évolution à partir du moment où ils sont dénués de tout jugement et sont acceptés avec un esprit ouvert et une volonté de s'améliorer. Ce n'est ni simple ni spontané de formuler correctement un retour sur le travail de quelqu'un d'autre, surtout pour signifier une insatisfaction, et cela nécessite un apprentissage. Le parcours d'intégration contient donc des moments dédiés à la maîtrise des feedbacks.

Donner des retours sur le travail des autres employés est un élément important et c'est une responsabilité partagée par tous. Bien que la plupart des retours se fassent de manière fluide et naturelle dans les équipes il est nécessaire de mettre en place un processus plus cadré et transparent pour s'assurer de la fréquence et de la qualité des feedbacks dans l'entreprise. Ce processus est l'un des deux seuls moments de l'année où les salariés sont "obligés" de participer à quelque chose dans l'Organisation Z.

FEEDBACK

Voici donc le processus de feedback qui se déroule sur une semaine et se passe en trois étapes :

1 – Lister ses actions
2 – Donner des feedbacks
3 – Engager des discussions

Lister ses actions

Les employés remplissent un document répondant à la question suivante :

Quels sont sur les derniers mois les réalisations, les apprentissages importants et les erreurs qui m'ont permis de progresser ?

Ces différents éléments sont listés dans les premières colonnes d'un document de type tableur. La première colonne désigne l'équipe dans laquelle la tâche a été effectuée (mettre l'entreprise si pas d'équipe spécifique). La deuxième désigne la réalisation, l'apprentissage ou l'erreur. La troisième présente une description plus détaillée.

Par exemple :

Equipe 1	Déplacement sur les salons	Participation à 3 grands salons majeurs en tant que visiteur. J'ai eu des RDV avec des prospects. J'ai assisté à des conférences métier.

Il n'y a pas besoin de décrire avec énormément de précision les actions car elles seront commentées par des personnes qui les connaissent. Il ne faut pas hésiter cependant à placer des questions ou des premières "remarques" qui peuvent aider les autres à donner ensuite des retours.

En fonction du profil des personnes qui remplissent ce document il y aura plus ou moins d'actions. Il n'y a pas forcément besoin d'être complètement exhaustif les gens sont encouragés à y mettre un maximum de choses. Certaines actions qui peuvent paraître insignifiantes ont parfois eu de grandes conséquences pour les autres. Il est par contre conseillé de "rassembler" au maximum les actions similaires. Cela évite aux personnes qui font des retours par la suite de copier/coller leurs retours plusieurs fois pour le même genre de tâches.

La dernière chose à effectuer une fois que toutes les actions ont été listées c'est de mettre en avant les actions sur lesquelles on souhaite principalement avoir des feedbacks. Il est demandé de mettre en gras les lignes qui nécessitent une attention particulière de la part des autres salariés. C'est important car donner des feedbacks prend du temps et tout le monde n'a pas le temps de commenter sur l'intégralité des tâches.

Habituellement cette étape se fait sur une journée voire deux jours maximum.

Donner son feedback

Ce document est ensuite partagé avec l'ensemble des employés pour qu'ils puissent y noter les retours en répondant à la question :

Compte-tenu de la manière dont tu as été amené à travailler avec cet employé quels sont les retours ou les conseils que tu aimerais lui donner ?

Chaque employé peut alors ajouter ses retours dans une nouvelle colonne qui suit celles qui ont été remplies sur l'action. Exemple :

| Equipe 1 | Déplacement sur les salons | Participation à 3 grands salons majeurs en tant que visiteur. J'ai eu des RDV avec des prospects. J'ai assisté à des conférences techniques. | Je trouve cette action très importante et j'aimerais avoir un moyen de connaître mieux ce qui se fait lors de ces salons. |

Donner des retours utiles n'est pas une chose facile. Sans expérience et sans préparation les retours ont tendance à être très, voire uniquement, positifs. Les gens n'osent pas facilement dire qu'ils n'ont pas aimé, ou trouvé peu utile telle ou telle action. C'est pour cela qu'il faut utiliser au maximum les outils de la communication non violente pour formaliser les retours.

Dans un premier temps les personnes parlent uniquement d'eux-mêmes et évitent les formules comme 'ça n'a été utile à personne' ou 'tout le monde dans l'équipe pense que …'. Parler de soi et uniquement de soi rend déjà les retours beaucoup plus utiles. Les réponses doivent donc être données en utilisant le pronom "Je". Cela permet à la personne qui les lit de ne pas sentir un "groupe" contre lui mais juste un retour qui est potentiellement isolé.

Il faut ensuite décrire les feedbacks en utilisant la structure "faits, effets, analyse". Ce n'est pas une obligation mais cette structure présente l'avantage de fournir un cadre de débriefing simple pour réaliser des feedbacks sur un sujet qui peut sembler compliqué à commenter.

1. Faits

La première étape consiste donc à noter ce que l'on a constaté concernant l'activité décrite. C'est-à-dire tout ce qui se rapporte exclusivement aux faits. L'objectif étant ici de séparer le plus possible les perceptions des sentiments. Par exemple : *"J'ai participé à la formation que tu avais organisé. J'y suis resté toute la journée et j'ai fait les deux ateliers du matin et de l'après-midi."*

2. Effets

Quels sont les effets, les sentiments que cela a provoqué chez la personne qui donne son feedback (joie, inquiétude, peur, colère, tristesse…). Il s'agit ici de faire état d'un ressenti personnel par rapport à ces faits. Par exemple : *"J'étais très contente de participer. J'étais un peu déçue par le deuxième atelier. Je me suis ennuyée l'après-midi".*

3. Analyse

C'est ensuite que l'on peut faire part de ses conclusions, appréciations, hypothèses. Dans cette partie aussi il faut faire attention à bien utiliser le "je" et à rester le plus constructif possible. Par exemple : *"Dans l'ensemble c'était une formation très enrichissante. Je pense que tu pourrais revoir l'atelier de l'après-midi pour le rendre plus dynamique. J'ai vu celui-ci par exemple, qu'en penses-tu ?"*. Il est possible de donner directement une piste d'amélioration ou de demander à la personne comment elle envisagerait d'améliorer les choses pour une prochaine fois.

Dans un premier passage les personnes donnent leur feedback sur les actions mises en avant par leurs collègues. S'ils en ont le temps ils peuvent bien sûr donner des feedbacks sur les autres éléments listés. Ils sont également encouragés à prendre plus de temps sur les actions qui les ont le plus touchés directement.

Les salariés sont invités à prendre une journée pour rédiger l'ensemble de leur feedback. Certains, qui sont peut-être dans une période chargée, peuvent y passer moins de temps. Une fois les feedbacks écrits ils masquent temporairement leur colonne pour éviter que leurs retours influencent ceux des suivants.

Engager des discussions

Une fois que tout le monde a fini d'écrire ses retours les salariés vont aller lire ceux que leurs ont laissés leurs collègues. L'objectif de ces retours, surtout s'ils demandent des changements c'est d'ouvrir un espace de dialogue pour discuter de l'action et des moyens d'améliorations. Il est donc important que les salariés discutent en tête à tête ou sur un logiciel de communication avec les collègues qui leur ont fourni les retours les plus pertinents et constructifs. Cela permet souvent de trouver des moyens de faire les choses de manière plus efficace par la suite. L'objectif étant de se concentrer sur ce qui peut être amélioré et non les "erreurs" du passé qui resteront inchangées et inchangeables.

Ces discussions n'ont pas de durée particulière. Chacun est libre de consacrer le temps qu'il veut pour chercher des solutions d'amélioration. En général l'ensemble du processus de feedback occupe une semaine complète. Ce processus est répété tous les six mois. Pour gagner du temps il est conseillé de remplir ses actions au cours de l'année. Plus elles sont remplies régulièrement plus elles seront complètes et précises. Ce processus prend du temps mais il est indispensable pour continuer de s'améliorer.

GESTION DE PROJET ET OBJECTIFS

Comme expliqué les salariés sont entièrement autonomes dans leur travail et dans leur organisation (planning, budget, composition, objectifs...). Il en va de même pour les équipes et leur organisation. Cela signifie qu'elles sont libres de s'organiser comme elles le souhaitent pour mener à bien leur projet. L'Organisation Z n'impose pas de règles particulières à partir du moment où l'équipe est officiellement fondée. Mais ce n'est pas parce que rien n'est imposé que chaque équipe ne met pas en place ses propres règles de fonctionnement.

Notre approche sur ce point suit la même logique que le reste de l'organisation, les personnes rassemblées autour d'un but commun et partageant des valeurs communes sont les plus à même de trouver les solutions à leurs problèmes. Ils n'ont pas besoin d'une personne "au-dessus d'eux" pour leur dire comment avancer. Cela part du principe qu'il est extrêmement difficile de prédire le futur et qu'il vaut mieux passer du temps à tester des choses qu'à essayer d'éliminer de manière théorique tout ce qui pourrait ne pas fonctionner.

Cette liberté permet aux équipes de tester constamment de nouvelles méthodes de gestion de projet ou de définition d'objectifs. Il est ainsi possible de faire émerger des bonnes pratiques qui permettent à tous de s'améliorer. Ainsi les équipes sont invitées à échanger sur leur organisation afin de progresser ensemble. Chaque expérience est différente et les apports des uns et des autres permettent d'enrichir une réflexion globale sur le meilleur moyen de parvenir à mener à bien un projet.

GESTION DE PROJET

De manière traditionnelle le pilotage d'un projet se fait par un manager qui a autorité sur le reste de l'équipe (managers subalternes compris). Dans notre structure, qui a aboli toutes les relations de pouvoir, cela n'a bien sûr plus de sens. Dans l'Organisation Z la notion de pouvoir hiérarchique et la notion de "gestion" du projet sont décorrélées. Ainsi il n'y a pas de chef qui va décider pour les autres mais un pouvoir distribué au sein de l'équipe. Certaines personnes vont endosser certaines responsa-bilités particulières comme le budget ou le planning mais ils ne peuvent l'imposer aux autres. Il peut s'agir d'une personne seule qui, avec l'aval des autres membres de l'équipe, prend en charge un des aspects de la gestion de projet ou d'un groupe de personnes. Cela se fait souvent de manière naturelle dans le projet en fonction du profil de ses membres. Il est également possible pour les équipes de mettre en place un système démocratique de pilotage de projet (élections, gestion tournante etc…). Dans ce cas-là ces personnes n'ont pas d'autorité sur les autres mais servent de centralisateurs d'informations pour aider à la bonne conduite du projet.

Pour ce qui est des livrables et des documents demandés pour la bonne conduite d'un projet il faut respecter la règle suivante : un docu-ment ne doit être réalisé que si il peut être réellement et régulièrement utile à l'équipe. Cela pour éviter l'écueil de la production en masse de documents qui ne sont jamais lus par personne. Il s'agit également de pro-jeter des besoins personnels sur les personnes de l'équipe, par exemple une personne qui a besoin d'un échéancier précis pour avancer ne doit pas exiger des autres qu'ils produisent des calendriers précis. La plupart des gens arrivent très bien à s'organiser sans avoir de budget, d'objectifs ou de planning précis. Tout dépend de la capacité de la personne à s'or-ganiser ou à visualiser les tâches à effectuer. Libre à chacun de mettre en place les outils dont il ou elle a besoin pour travailler de manière efficace.

Dans le cas d'un projet ayant un client extérieur à l'entreprise il est souvent nécessaire de lui fournir des livrables précis. Dans ce cas-là l'équipe peut disposer d'une personne qui aura, pour l'extérieur, le rôle traditionnel de "chef de projet". Cela permet de rassurer les clients et de leur présenter une structure compréhensible sans explication par-ticulière. Cette personne n'est en réalité que le porte-parole du reste de l'équipe. Elle peut être élue ou simplement désignée par le reste de l'équipe qui lui fait confiance pour la représenter face au client. Cette personne centralise alors les documents nécessaires (qu'elle produit elle-même ou non) à fournir au client. Ils sont, bien sûr, visibles et édi-tables par toute l'équipe. Cette pratique peut aussi être utile pour les relations entre les équipes internes. Il est parfois plus simple de mettre en place un point de contact unique pour échanger des informations entre différentes équipes.

Planning

Lorsque plusieurs personnes se réunissent pour former une équipe il est courant d'établir un premier planning du projet concerné. Cela peut permettre d'aider à évaluer le nombre de personnes nécessaires à sa réalisation ou d'aider à mesurer la place que le projet peut prendre dans la vie des uns et des autres. Ce document n'est pas obligatoire à produire mais il peut être utile pour recruter des personnes dans l'équipe. Il peut être assez basique avec uniquement les grandes étapes du projet ou plus précis (à la semaine voire à la journée). Tout cela dépend du profil des gens qui prennent en charge cette tâche de planification et de la composition de l'équipe.

Budgets

De la même manière que pour le planning il n'y a pas d'obligation particulière autour de l'établissement d'un budget prévisionnel sur les projets. Dans une entreprise traditionnelle il est rare que les projets restent dans leur budget initial dans tous les cas. Il est préférable d'avoir un projet qui tient ses promesses qu'un projet contraint dans un budget qui n'a plus de rapport avec le cahier des charges initial. Il est cependant intéressant d'anticiper les dépenses du projet afin de les planifier au mieux par rapport aux finances de l'entreprise. La plupart du temps une personne experte dans ce domaine est sollicitée pour regarder comment le projet peut s'intégrer dans le plan financier de l'entreprise. Il n'a qu'un rôle consultatif mais permet à l'équipe de mieux prévoir ses dépenses. Si une avance de fonds importante est nécessaire pour mener à bien le projet la décision peut être prise en suivant le processus de décision habituel et en consultant le reste de l'entreprise.

Risques

On pourrait penser que la méthode présentée ici augmente les facteurs de risque des projets. Dans les faits il n'en est rien. Le choix de ne pas perdre de temps à imaginer tout ce qui pourrait mal se passer sur les projets pour le consacrer à leur réalisation amène à être, in fine, plus efficace. L'idée est de faire confiance aux personnes qui participent à une équipe pour détecter les risques au cours de la vie du projet. Il faut également bien suivre le processus de prise de décision afin de contacter dès que nécessaire les experts de tel ou tel domaine si jamais le besoin s'en fait sentir. Plutôt que de tout prévoir au lancement il est préférable d'adopter une approche dynamique basée sur le ressenti de chaque salarié. Chaque personne qui participe au projet doit réagir aux différentes informations qui lui parviennent (de l'intérieur comme de l'extérieur de l'équipe) et prendre les décisions qui lui paraissent les meilleures pour limiter les risques.

Qualité

La recherche de la qualité fait partie de l'ADN de l'Organisation Z. Chaque personne est encouragée à prendre le temps de réaliser ses tâches du mieux qu'il peut. Il n'y a pas spécifiquement de personne en charge de la qualité d'un projet (sauf si l'équipe souhaite spécifiquement mettre ce rôle en place) mais cette responsabilité est distribuée à tous les membres de l'équipe. Il faut en permanence apprendre de ses erreurs pour s'améliorer et, au final, améliorer la qualité des réalisations. Les salariés sont encouragés à suivre cette démarche au travers du processus de Feedback (décrit dans le chapitre du même nom) mais aussi en proposant des échanges de bonnes pratiques dans les différents domaines de l'entreprise. Cela passe notamment par des moments d'échanges formalisés par les différents salariés sous forme de réunions ad-hoc.

Synchronisation

Comme expliqué précédemment les équipes fonctionnent de manière autonome, cela ne les empêche pas de souvent interagir les unes avec les autres et d'avoir besoin de synchroniser certaines actions ou décisions. Toutes les équipes partagent les mêmes outils de communications et de gestion de fichiers, cela facilite déjà grandement l'échange d'informations. Il est ainsi facile d'avoir un fichier ou un dossier partagé entre plusieurs équipes. Il est également simple pour une personne d'une équipe d'envoyer un message à une ou plusieurs personnes d'une autre équipe. Comme indiqué plus haut un "référent" d'équipe peut également être désigné pour faciliter la synchronisation entre deux équipes. Il peut s'agir d'une personne qui appartient aux deux équipes ou de deux personnes (une par équipe) qui endossent ce rôle en plus de celui ou ceux qu'elle occupe déjà. La mise en place de ces référents est bien sûr liée à la taille et au nombre d'équipes de l'entreprise.

OBJECTIFS

La mise en place d'objectifs est un des piliers de l'entreprise tradi-tionnelle. C'est au travers de leurs réalisations que le salarié ou le groupe de salariés (équipe, département, division, pays...) sait s'ils ont "bien travaillé". Ces objectifs sont historiquement fixés par la direction (ou par les managers). Cette logique de l'objectif fixé (parfois plus d'un an à l'avance) n'a bien sûr pas sa place dans l'Organisation Z dans laquelle l'aspect incertain et constamment changeant du monde est pris en compte. Il est quasiment impossible de prévoir avec précision le futur et il faut agir en conséquence. Aussi l'entreprise ne fixe aucun objectif aux salariés ou aux équipes.

Chacun est libre de s'organiser en fonction de son fonctionnement et de sa capacité à être productif avec ou sans objectifs. Certaines per-sonnes sont très à l'aise dans leur organisation avec simplement quelques objectifs long terme, d'autres ont besoin d'être beaucoup plus précis en se fixant chaque semaine, voire chaque jour, des objectifs à remplir. Dans tous les cas ces objectifs personnels ne sont aucunement pris en compte pour la rémunération.

Cette façon de travailler en ayant à se fixer soi-même ses objectifs est parfois difficile à mettre en place pour certaines personnes. Il peut être utile d'organiser une formation spécifique à laquelle participe chaque salarié pour apprendre à se fixer des objectifs réalistes et ambitieux. Il y sera abordé notamment la méthode Objectives Key Results (OKR) utilisée dans de nombreuses entreprises et qui permet de se fixer des objectifs utiles et réalistes, en accord avec la vision de l'entreprise. Libre à chaque salarié de trouver la méthode qui lui correspond par la suite.

Dans tous les cas lorsque les projets avancent il est important de prendre le temps de fêter ses succès. Il peut s'agir de la réussite de cer-tains objectifs ou tout simplement de bonnes nouvelles ou d'une étape importante du projet passée. Que ce soit une réussite personnelle ou une réussite d'équipe elle est encouragée à communiquer sur son succès voire à organiser un événement spécialement dédié à cela.

INTÉGRATION

Notre modèle d'organisation nécessite une grande autonomie, une prise d'initiative importante et une capacité à bien communiquer pour s'intégrer dans une équipe déjà bien soudée. Ces compétences ne sont pas forcément toutes innées, il est donc de notre responsabilité d'accompagner les nouveaux salariés dans la durée. Une phase d'intégration qui peut durer jusqu'à un an est ainsi mise en place.

Ce processus d'intégration est obligatoire et répond à plusieurs attentes. La première c'est de faciliter l'intégration, tisser des liens, instaurer un climat de confiance et rendre les nouvelles recrues autonomes rapidement. Il a ensuite pour objectif de partager la culture et les valeurs de l'entreprise. Il sert enfin à apprendre à travailler dans l'Organisation Z, particulièrement concernant le travail en équipe, les méthodes de prise de décision, d'écoute et de résolution de conflits.

Ce processus est à l'image de l'Organisation Z : il doit être suivi de manière autonome et transparente. Afin de le rendre plus motivant et accessible c'est un processus gamifié (voir encadré). Le nouvel arrivant est ainsi au coeur de son premier "projet" : sa propre intégration. Il est tout de même accompagné dans ce projet par un tuteur qui peut l'aider à tout moment.

LA GAMIFICATION

La gamification consiste à introduire des mécaniques venues du jeu (points, missions, récompenses, niveaux…) à d'autres domaines ou activités. L'objectif est de renforcer la motivation de la personne à suivre le processus. Elle obtient régulièrement des récompenses et peut mesurer son avancée grâce à un système de points. Des objectifs à remplir lui sont proposés à l'image d'un jeu vidéo. Cela rend également le processus plus ludique pour la personne et renforce la dynamique d'apprentissage dans la durée. L'objectif de ce chapitre n'est pas de rentrer trop dans le détail de cette gamification (points, niveaux…) mais plutôt d'expliquer les différents éléments de notre intégration.

TUTORAT

Lorsqu'un nouveau salarié arrive il est souvent embauché pour réaliser une tâche dans une équipe. Il y a une personne particulière, souvent issue de son équipe (mais qui peut aussi être en dehors si besoin), qui accompagne son intégration : le tuteur. Son rôle est de suivre le nouvel arrivant tout au long de ce processus et de l'aider si besoin. Il n'est cependant pas là pour lui dire quoi faire et encore moins pour faire son travail à sa place. Il est là essentiellement pour rassurer et discuter ouvertement des potentielles difficultés rencontrées. C'est également quelqu'un qui a de l'ancienneté dans l'entreprise (plus d'un an) et peut expliquer certains processus si besoin.

Le rôle du tuteur est double. Il est là, comme expliqué ci-dessus, pour aider le nouvel arrivant. Il est également là pour améliorer et adapter le processus d'intégration. Tous les arrivants n'ont pas le même profil et il peut être utile que le tuteur adapte le parcours du nouveau pour s'assurer qu'il soit plus en phase avec ses attentes et son rôle dans l'entreprise. Ces modifications sont, bien sûr, discutées avec le nouvel entrant.

LES APPRENTISSAGES

Les apprentissages sont au coeur du processus d'intégration. Même si l'arrivant a déjà une expertise et de nombreuses années d'expérience, la formation à nos outils, méthodes, règles et organisation n'est pas optionnelle. Ces moments de transmission de connaissances peuvent prendre différentes formes (auto-formation, entretien individuel, atelier en groupe, formation avec un intervenant extérieur, etc.). Ces apprentissages sont répartis dans différentes catégories.

Organisation

Le premier apprentissage n'en est pas vraiment un. Il s'agit d'une rencontre avec un des "anciens" de l'entreprise qui a pour objectif de travailler sur la vocation personnelle et la raison d'être de l'entreprise. Cela peut se passer avec le tuteur, il est possible que cela soit avec un autre salarié voire avec un des fondateurs de l'entreprise. Cette rencontre est aussi l'occasion de faire le point sur les premiers jours du nouvel arrivant.

Une autre formation est prévue rapidement après son arrivée. Celle-ci a pour but de répondre aux questions sur l'organisation, l'auto-management et les prises de décision. Il faut s'assurer que ces éléments soient bien compris par le nouveau salarié. Cette formation est souvent réalisée en face à face avec le tuteur.

Outils

Pour ceux qui en ont besoin, il peut être utile d'organiser régulièrement une formation aux outils numériques. Cette formation est réalisée en groupe en fonction du niveau des personnes. Cette formation se concentre essentiellement autour des logiciels utilisés dans l'entreprise. Il est indispensable que ces outils soient pris en main le plus rapidement possible afin que le salarié ne soit pas ralenti dans son travail.

Communication

Des formations autour de la communication sont organisées et plus spécifiquement sur la communication non violente. Une partie de ces dernières est "obligatoire", le reste est effectué sur demande. Il est très important de former les nouveaux arrivants sur ce point afin qu'ils s'intègrent dans l'entreprise. Ces apprentissages se concentrent essentiellement sur les méthodes de résolution de conflit dans un premier temps.

Technique

En fonction de son profil le nouveau salarié pourra participer à diverses formations techniques. C'est à lui de les solliciter ou de s'inscrire à celles déjà prévues. Il n'y a rien d'obligatoire à ce niveau là dans le processus d'intégration. Il est tout de même recommandé de prendre le temps de discuter des méthodes de travail de l'entreprise avec des salariés présents depuis un moment.

LE PARCOURS D'INTÉGRATION

Le parcours d'intégration n'est pas juste une suite de formations ou de discussions avec le tuteur. Il va bien plus loin que cela et c'est pourquoi il s'agit de proposer un parcours complet gamifié (voir encadré). Ce parcours dure un an et fait passer le nouvel arrivant du "niveau un" au "niveau dix". A la manière d'un personnage de jeu vidéo il va devoir gagner de l'expérience et des niveaux en réalisant un certains nombre de missions. Il est complètement libre d'organiser son parcours comme il le souhaite en évoluant dans ce cadre préétabli. C'est un parcours dont Il est le héros.

Les objectifs

Pour avancer dans son intégration le nouvel arrivant va devoir remplir des objectifs qui lui permettent de valider les différentes formations définies plus haut. Ces objectifs prennent deux formes : les missions et les badges. Ces objectifs sont listés dans des documents qui sont visibles et éditables par tout le monde. Ils sont là pour guider le nouvel arrivant dans son parcours d'intégration.

Les objectifs ont tous une "difficulté". Ce niveau de difficulté permet de se repérer facilement lors de son parcours pour savoir s'ils sont plutôt destinées à de nouveaux arrivants ou s'il faut déjà un peu d'ancienneté pour les réaliser. Ces niveaux correspondent grosso-modo à des mois de travail. Un objectif de difficulté trois sera à réaliser autour de son troisième mois de présence dans la société par exemple. Sachant qu'il n'y a ni d'ordre imposé ni d'objectifs de rapidité, chacun prend le temps qu'il veut pour avancer dans le parcours. Certains objectifs sont de difficulté zéro, ils peuvent être réalisés à n'importe quel moment.

Missions

Les missions sont des tâches précises plus ou moins complexes à réaliser. Ce sont forcément des tâches où le nouveau salarié va devoir réaliser ou faire quelque chose de concret. Il peut s'agir de produire quelque chose, de lire un livre, de participer à une réunion … Les missions sont définies par un niveau de difficulté, un titre et une description. Elles sont séparées en plusieurs catégories différentes pour que chaque salarié s'y retrouve plus facilement :

Formations : Ces missions reprennent les différentes formations évoquées plus haut. Par exemple :

Difficulté 1	Gandi	J'ai suivi la formation d'introduction à la CNV

- *Savoir Faire* : Ces missions reposent sur la maîtrise de certains savoir-faire propres à l'entreprise. Ce ne sont pas des compétences techniques liées à un métier mais des aptitudes utilisées au jour le jour dans notre structure. Exemple :

3	Beau-parleur	J'ai modéré une réunion

- *Organisation* : Ces missions parlent des concepts de l'organisation de l'entreprise et des entreprises libérées en général. Il peut s'agir de lire des livres, de participer à l'amélioration de l'organisation ou encore de la présenter à d'autres. Exemple :

1	Papillon	J'ai lu Reinventing Organisation (Frederic Laloux)

- *Savoir-être* : Ces missions ont rapport aux comportements des personnes dans l'entreprise. Exemple :

0	Bonjour!	J'ai dit bonjour le matin à toutes les personnes de mon équipe

- *Technique* : Ces missions sont toutes celles liées spécifiquement aux différents métiers techniques de l'entreprise. Elles sont regroupées par domaines et ce sont les plus nombreuses. Exemple :

3	Scripteur	Je connais les bases de la programmation en Javascript

- *Ambiance* : Ces missions sont celles liées à l'ambiance générale de l'entreprise. On s'éloigne un peu du sérieux pour proposer des actions sur la nourriture ou les événements de l'entreprise. Exemple :

2	Robuchon	J'ai apporté un gâteau ou autre plat cuisiné qui a reçu des compliments de la part de l'équipe

- *Tradition* : Ici on est clairement dans les missions "décalées" qui reposent sur des événements qui se sont passés dans l'entreprise et qui sont devenus "cultes". Il s'agit de passer la culture de l'entreprise au travers de ces missions qui n'ont souvent pas vraiment de sens au premier abord. Il y a toujours une "histoire" derrière chacune de ces missions. Exemple :

0	Gardien du secret	Je sais où se trouve le rouleau de scotch

- *Culture* : On ne parle pas ici de culture de l'entreprise mais de culture générale. Ou tout du moins ce qui peut servir par rapport aux métiers de l'entreprise. L'objectif est d'ouvrir les salariés à des influences diverses qui peuvent les aider dans leur travail. Exemple :

1	Jedi	J'ai vu tous les films Star Wars

La liste complète de ces missions est disponible dans un outil partagé qui est complété, modifié et amélioré au fil du temps par les salariés. Il ne faut pas hésiter à le mettre à jour en ajoutant ou en enlevant des missions qui seraient devenues obsolètes. Il est bien d'avoir un grand nombre de missions pour que le nouvel arrivant puisse vraiment avoir le choix de son parcours. Les missions de niveaux bas sont plus nombreuses car souvent plus faciles à réaliser. Il y a assez peu de missions dépassant le niveau 6 ou 7 mais elles sont souvent plus complexes et plus longues à réaliser.

Les badges

En plus des missions, qui sont à réaliser par le nouvel arrivant, a été mis en place un système d'objectifs qui sert à récompenser sa progression au cours du temps : les badges. Ce sont des objectifs chiffrés qui se remplissent lorsqu'il réalise des missions ou à force de réaliser certaines tâches. Il peut s'agir de faire plusieurs fois la même tâche ou une certaine combinaison de plusieurs missions. Cette mécanique est tirée du jeu vidéo où elle récompense et encourage le joueur à avancer.

Concrètement lorsque le nouvel arrivant démarre son parcours il va réaliser des missions de niveau zéro. Il va alors petit à petit se rapprocher de la complétion du premier badge principal :

Niveau	Nom du badge	Conditions
0	"Premières armes"	J'ai réalisé 30 missions de niveau 0

Lorsqu'une personne réussit un "badge" il se voit alors récompensé d'un badge (physique ou virtuel) qui correspond à ce qu'il vient de réussir. Lorsque le nouveau salarié va suivre son parcours de formation il va être possible pour lui de débloquer un certain nombre de badges. Ils représentent une récompense lorsqu'il atteint des paliers importants du parcours. C'est notre façon de le remercier de jouer le jeu. Ces badges sont remis par le tuteur lors de ses rencontres avec le nouvel arrivant. Il existe par exemple des badges pour les réussites importantes ou pour certaines missions spéciales.

Commencer le parcours

Le plus simple pour le nouveau salarié pour commencer est de dupliquer les différents documents et de les garder entre lui et son tuteur. Il peut ainsi le modifier à sa guise et y noter ce qu'il a réalisé ou pas. Il peut également se fixer des objectifs en notant les missions qu'il a envie de résoudre pendant le mois ou la semaine.

Ce processus peut paraître assez complexe au premier abord mais il est extrêmement important dans l'Organisation Z. De la bonne intégration des nouveaux dépend le bon fonctionnement de l'entreprise.

RECRUTEMENT

Beaucoup de temps est donc investi sur les personnes qui rejoignent l'entreprise. L'investissement pour qu'ils soient le plus à l'aise possible dans l'organisation est très important. C'est pourquoi il faut faire particulièrement attention au recrutement. C'est même la mission la plus importante de chacun des salariés dans l'Organisation Z. Nous partons du principe que l'entreprise ne peut être meilleure que le moins bon de ses salariés.

Les équipes sont responsables de leur composition. Si des besoins de recrutement émergent, la décision peut être prise de recruter des personnes supplémentaires. Tout le monde peut prendre cette décision et tout le monde peut recruter de nouveaux salariés. Comme toutes les autres décisions, elle doit être prise après discussion avec l'équipe et les personnes expertes du domaine. Si un recrutement est lancé, la personne qui l'a sollicité devient alors "responsable" de son bon déroulement. Cela devient sa tâche prioritaire, peu importe ce qu'elle faisait avant.

Lors des recrutements, au-delà de ses compétences et de son savoir être, la faculté du candidat à s'adapter à l'Organisation Z est un élément clé à prendre en considération. Le/la postulant(e) doit être interviewé par au moins deux personnes de l'équipe avant une possible intégration. L'objectif étant de recruter des personnes ayant un profil en "T" : une grande expertise dans un domaine (le "pied" du T) tout en ayant des connaissances généralistes autour de leur métier (la "barre" du T). Pour résumer il faut toujours rechercher des gens meilleurs que soi même.

Certains recrutements peuvent également se faire par cooptation. Cela veut dire qu'ils sont faits sans forcément avoir de besoin précis et identifiés à combler dans une équipe. Cela peut paraître étonnant mais il faut encourager ce type de recrutement car ils permettent de faire venir des personnes particulièrement compétentes dans l'entreprise. Il est préférable d'embaucher une personne dont on est sûrs du talent, quitte à ce qu'elle n'ait pas de "poste" tout de suite, plutôt qu' embaucher une personne qui ne correspond qu'à moitié à un besoin bien identifié. Ces embauches suivent un déroulement un peu différent d'un recrutement qui répond à un besoin. Ces recrutements sont particulièrement intéressants car ils reposent sur la connaissance préalable du candidat. Cela fait gagner un temps précieux dans le processus. Il appartient donc à chacun de détecter les talents qui pourraient rejoindre l'entreprise pour voir si un besoin pourrait exister pour eux dans les équipes.

CONCRÈTEMENT

Des processus qui doivent permettre de faire le moins d'erreurs possible lors des recrutements ont été mis en place. Ces processus sont légèrement différents entre recrutement par besoin et recrutement par cooptation. Globalement le processus suit la structure de recrutement classique d'une entreprise mais chaque étape est adaptée à l'Organisation Z. Ces étapes sont autant d'occasions de sélectionner les meilleurs candidat(e)s.

LES TYPES DE RECRUTEMENTS

Recrutement par cooptation

Le meilleur moyen de recruter est souvent de faire confiance à des personnes que l'on connaît déjà en dehors de l'entreprise. Le principal apport réalisable dans la société c'est de trouver des gens à recruter. Si un salarié rencontre ou côtoie déjà une personne capable de s'autogérer, réellement douée dans ce qu'elle fait et qui peut participer à l'aventure de l'entreprise, il est très important d'en parler. Il existe surement une équipe intéressée par son profil. Il est également possible que cette personne "crée" son propre rôle si elle possède un profil particulier.

Le processus du recrutement par cooptation est le suivant :

Entretien individuel ⟶ Test ⟶ | ⟶ Entretien équipes ⟶ Offre

Analyse équipes

Les différentes étapes de ce processus sont décrites dans la suite de ce chapitre.

Recrutement par besoin

L'autre type de recrutement qui intervient est dit "par besoin". Un besoin émerge dans une équipe et il ne peut être rempli par les personnes déjà présentes dans l'équipe ou dans l'entreprise (et il est plus intéressant de l'internaliser que de l'externaliser).

Le processus du recrutement par besoin est le suivant :

Le processus est assez similaire à celui par cooptation. La principale différence vient du fait qu'il faut formaliser le besoin précisément et le diffuser au début du recrutement. Il est parfois difficile de formaliser proprement le profil type qui répond au besoin. Il faut également voir si le besoin correspond à un rôle à plein temps ou si le nouvel arrivant n'occupera pas l'intégralité de son temps dans l'équipe. Cela nécessite alors de réfléchir un peu plus en collaboration avec d'autres équipes ou à la place du nouveau dans l'équipe.

Une fois le profil recherché clairement établi, il faut trouver le bon postulant. Il existe dans l'entreprise une base de CV qui permet de regarder rapidement si un profil présent répond potentiellement au besoin. Cela permet parfois de gagner du temps sur un recrutement, voire de sauter le premier entretien individuel. Si aucun CV ne correspond dans la base alors il faut diffuser l'annonce de manière classique et convoquer les meilleurs candidat(e)s en entretien.

ENTRETIEN INDIVIDUEL

Dans les deux types de recrutement, le processus commence donc par faire passer un premier entretien à la personne qui pourrait rejoindre la société. Cependant dans un entretien par cooptation, la personne de l'entreprise connaît déjà le/la candidat(e), ce qui va simplifier sensiblement l'entretien. Dans les deux cas l'objectif de ce premier entretien est double. Le premier c'est de comprendre les motivations intrinsèques du candidat et de voir si elles sont alignées avec celles de l'entreprise. Le deuxième c'est de valider ses compétences pour le rôle recherché.

Le premier objectif est aussi le plus dur à remplir en général. La plupart des candidat(e)s qui arrivent en entretien n'ont pas vraiment l'habitude que l'on cherche à comprendre ce qui est important pour eux et ce qu'ils ont vraiment envie de faire dans la vie. Ils ont rarement l'habitude de questionner l'entreprise sur ses propres valeurs et objectifs. C'est pourquoi une partie de l'interview est dédiée à un échange sur ces points avec des questions spécifiques à chacune des valeurs de l'entreprise. Il faut réussir à placer l'entretien dans un échange équivalent pour réussir à avoir une discussion ouverte et sincère avec le ou la candidat(e).

Le deuxième objectif est quant à lui plus classique. Il s'agit de déterminer si le/la candidat(e) a les compétences pour réussir à répondre au besoin de l'équipe. Au-delà des compétences techniques (voir Test en dessous) il faut essayer de s'assurer autant que possible que le/la candidat(e) puisse s'intégrer dans l'entreprise. Il faut essayer de voir si il ou elle sera capable de s'auto-organiser et de communiquer efficacement dans ses équipe. Malgré tout il reste difficile d'anticiper la bonne intégration d'une personne qui n'a jamais travaillé dans ce type d'organisation.

TEST

A l'issue du premier entretien il faut organiser un test de compétences techniques. Ce test a pour objectif de valider le potentiel du candidat dans une situation similaire à celles qu'il va rencontrer dans sa ou ses futures équipes. Le test se fait souvent sur place le jour du premier entretien. Cela permet de débriefer le candidat le jour même. Il est important de créer et de maintenir à jour toute une gamme de tests en fonction des profils recherchés. Ils dépendent évidemment des métiers de l'entreprise. Ces tests sont assez poussés dans leur domaine afin de connaître réellement le niveau du candidat.

Le test est aussi l'occasion de voir comment le/la candidat(e) commente et analyse son propre travail. C'est peut-être la partie la plus intéressante de l'épreuve. Cela permet de voir si il/elle est capable de porter un jugement critique sur la réussite ou non du test. La phase de débriefing est donc très importante. Il faut parvenir au maximum à faire parler le/la candidat(e) sur son ressenti face au test. Ces qualités d'analyse seront très utiles ensuite dans son équipe.

ANALYSE DES ÉQUIPES

Dans le cas d'un recrutement par besoin la ou les personnes qui ont fait passer l'entretien et le test proposent un compte rendu à toute l'équipe. Les autres employés peuvent alors donner leurs ressentis sur le/la candidat(e). Si ces avis sont favorables alors un entretien équipe est proposé (voir point suivant). C'est également le moment de discuter des différents postulant(e)s arrivés à ce stade et de voir lesquels sont les plus à même de passer à l'étape suivante. Il n'y a pas forcément besoin d'avoir l'avis de tous les membres de l'équipe, mais principalement de ceux amenés à travailler avec le/la candidat(e).

Dans le cas d'un recrutement par cooptation sans besoin préalable, le compte-rendu est diffusé sur un canal qui permet à toutes les équipes de le voir. Les équipes peuvent alors se prononcer sur son intérêt. S'ils estiment que la personne peut les intéresser, alors ils peuvent proposer de lui faire passer un entretien équipe.

ENTRETIEN ÉQUIPE

Le deuxième entretien se passe donc avec une ou plusieurs personnes d'une ou plusieurs équipes. Il faut essayer de varier leur profils pour pouvoir ouvrir le maximum de questions et discuter du maximum de sujets avec le/la candidat(e). Cet entretien a pour objectif de valider l'avis que l'équipe s'est faite de la personne suite au compte rendu. Il est également l'occasion de discuter de plusieurs sujets qui ne sont pas forcément abordés à l'entretien individuel : salaire (voir le chapitre à ce sujet), rôles, projets précis...

Cet entretien est l'occasion de voir si le besoin exprimé par l'équipe (formulé dans l'annonce dans le cas d'un recrutement par besoin ou formulé par l'équipe dans le cas d'un recrutement par cooptation) correspond bel et bien à ce qu'a envie de faire le/la candidat(e). Il faut trouver comment le rôle proposé s'inscrit dans son "plan de carrière" et comment il se positionne face aux autres membres de l'équipe.

Cet entretien équipe est également l'occasion d'organiser un "entretien inversé" avec le/la candidate. Cela se déroule en plusieurs temps. Le premier consiste à lister avec le candidat les questions qu'il souhaite poser sur l'entreprise ou les projets. Lui est ensuite présentée la liste des employés dans laquelle il peut choisir deux personnes à qui aller les poser. Si ces personnes sont présentes il peut le faire tout de suite. Sinon cela peut se faire par email à l'issue de l'entretien. Le/la candidat(e) doit alors ensuite proposer un debriefing des réponses afin de restituer ce qu'il/elle a appris lors de ces échanges.

L'OFFRE

La dernière étape du processus, si le/la candidat(e) a passé avec succès toutes les précédentes, est de lui faire une offre pour rejoindre une équipe. Cette proposition peut être rédigée collaborativement entre l'équipe et le/la candidat(e). Il ne s'agit pas d'un contrat mais d'un document pour se mettre d'accord sur ce qui est attendu de chaque partie. Cela se traduit ensuite en contrat formel d'embauche si l'offre est acceptée par le candidat.

LES LICENCIEMENTS

Dans l'Organisation Z les licenciements sont extrêmement rares. La seule personne qui peut potentiellement licencier quelqu'un est le gérant de l'entreprise dans le cas d'un conflit qui ne trouve aucune résolution. La plupart du temps une personne qui serait dans cette position choisit de partir d'elle-même avant d'en arriver à ce point. Empiriquement le schéma d'un départ ressemble souvent à cela : une personne finit petit à petit par se retrouver isolée, faute de projet, et cherche alors un travail ailleurs.

Nous préférons discuter ouvertement avec les salariés qui seraient dans ce cas là et les aider à trouver un nouvel emploi qui leur correspond plutôt que de les laisser subir seuls cette situation. Nous encourageons donc les salariés à garder un oeil attentif sur leurs collègues désoeuvrés.

V

PROCESSUS NIVEAU 3

D ans le chapitre précédent nous avons vu comment réussir à transférer des missions habituellement dévolues aux managers vers les équipes. Dans ce chapitre nous poussons encore plus loin ce concept en touchant à deux sujets encore plus éloignés que sont la stratégie et l'argent. Nous allons voir comment la stratégie peut émerger des choix personnels de chacun et comment les salaires peuvent être un instrument d'équité dans l'entreprise. Pour cela bien sûr il faut avoir déjà profondément ancrée la confiance dans l'entreprise.

STRATÉGIE ET VISION

Dans une organisation traditionnelle la stratégie de l'entreprise est définie par un comité de direction pour le compte des actionnaires. Elle est ensuite redescendue d'échelon hiérarchique en échelon hiérarchique jusqu'à chaque salarié. Dans l'Organisation Z, où il n'y a ni directeurs ni hiérarchie, il est bien évident que la façon de gérer la stratégie de l'entreprise est différente. Pour cela il est utile de se pencher sur les questions suivantes : "à quoi sert une stratégie d'entreprise ?", ou encore "comment la stratégie impacte-t-elle notre travail ?".

Par définition la stratégie d'entreprise consiste principalement en deux choses : fixer des objectifs et réaliser des choix quant aux allocations des ressources de la société. Mais dans quel but ? Là les réponses sont souvent moins évidentes. Pérenniser l'entreprise, gagner de l'argent, assurer son développement, obtenir un retour sur investissement pour les actionnaires, etc… elles sont rarement clairement formulées. Il ne devrait y avoir qu'un seul objectif à la stratégie : se rapprocher de la vision de l'entreprise. Il n'y a pas d'objectifs cachés ou secondaires à l'entreprise autres que la vision qu'elle s'est donnée avec ses salariés. La stratégie revient donc à trouver le meilleur moyen de réaliser la vision d'entreprise.

Une fois que l'utilité de la stratégie est clairement établie il reste à savoir comment elle est définie et mise en place. Dans l'Organisation Z elle ne peut être définie par des managers ou des actionnaires, elle doit donc être définie par les salariés directement. Au final elle ne fait pas l'objet d'un plan clairement établi à l'avance mais plutôt d'une somme de stratégies personnelles ou de stratégies d'équipe. Chaque salarié et chaque équipe prend ses décisions, définit ses objectifs et alloue ses ressources en fonction de ce qu'ils pensent être le meilleur moyen de s'approcher de la vision de l'entreprise.

Cette approche organique de la stratégie d'entreprise est très bien expliquée dans le livre Holacracy de Brian Robertson. Il y développe l'idée d'une entreprise pilotée de manière dynamique à l'image d'un cycliste qui corrige en permanence la trajectoire de son vélo en fonction de ses perceptions (du vent, de la topologie de la route, des voitures, …). C'est la même approche qui est adoptée dans l'Organisation Z. Chaque salarié ressent le monde extérieur (ses dangers mais surtout ses opportunités) et adapte sa stratégie et la stratégie de son équipe en fonction de ces signaux.

Pour que tout cela fonctionne il faut bien sûr garder la vision de l'entreprise parfaitement claire et la mettre à jour régulièrement. Des processus afin de la communiquer et de la mettre à jour sont donc mis en place. Chaque salarié doit être capable de se l'approprier pour pouvoir faire les bons choix dans son travail. Une fois que cette vision est connue par tous la stratégie de l'entreprise naît organiquement.

LA VISION

La première étape pour construire une stratégie est donc de définir et communiquer sa vision. Pour cela il existe plusieurs processus. La plupart sont mis en action lors d'une journée spécialement dédiée à la vision organisée une fois par an. Voici quelques étapes qui permettent de définir et maintenir à jour la vision collectivement. La méthodologie et les outils utilisés pour travailler collaborativement sur ce thème sont nombreux. Ils doivent être adaptés en fonction de la taille de l'entreprise et également du degré de maturité de l'organisation. Par exemple les réflexions peuvent être menées individuellement ou en groupe avec l'utilisation d'outils comme les post-it, le tableau blanc, le dessin, etc.

Etape 1 : Qui sommes nous ?

Comme évoqué ci-dessus, il est essentiel de rappeler les fondations de l'entreprise. On ne construit pas une vision à partir de zéro, il faut s'appuyer sur ses valeurs, son histoire, son environnement... Cette étape peut être réalisée par certains salariés ayant de l'ancienneté sous la forme d'une présentation ou d'un discours. Elle revient sur la situation, les valeurs et la vision actuelle de l'entreprise.

Etape 2 : Notre monde dans dix ans

Une vision cohérente est une vision qui tient compte de l'évolution de son environnement (technologique, social, économique, écologique et législatif...). Il est évident qu'il n'est possible de prédire le futur avec précision mais il est tout de même possible de faire certaines prévisions sur lesquelles construire ensuite une vision. *Comment sera le monde dans 10 ans ? Comment va évoluer notre secteur, notre métier dans le futur ? Y a t-il des changements technologiques qui révolutionneront le futur ? Est-ce que les mentalités de nos consommateurs vont évoluer ?*

Les réponses à ces questions sont amenées par les équipes. Dans cette étape, on se concentre sur l'environnement et non l'entreprise en elle-même. Dix ans, c'est un futur assez lointain pour permettre à chacun de se déconnecter des contraintes actuelles et de formuler des hypothèses. Les projections ne seront pas toujours réalistes, mais elles permettent en principe de définir les grandes tendances qui pourront impacter l'entreprise dans le futur.

Etape 3 : Notre entreprise dans 5 ans

La troisième étape permet de formaliser concrètement ce que l'on peut appeler la vision d'entreprise. C'est une description d'un état futur et désirable de l'organisation et de son environnement. Voici quelques questions ouvertes qui permettent de lancer la réflexion : *Pour préparer le monde de demain, où doit-on être dans 5 ans ? Doit-on faire évoluer nos produits? Quels seront nos marchés ? Comment doit-on s'organiser ?* Même si toutes les idées ne convergent pas vers une photographie précise de l'entreprise dans cinq ans, l'ensemble des réflexions doit permettre de faire émerger des bases communes. La synthèse de ces réflexions permet donc de formaliser une vision partagée.

Etape 4 : Nos objectifs pour les 2 prochaines années

L'objectif de cette dernière étape est de ramener ces projections à 2 ans pour définir une vision beaucoup plus opérationnelle. Cette dernière pourra se décliner en objectifs d'entreprise et en objectifs individuels pour les salariés. C'est ici que le lien entre la vision et la stratégie commence à s'opérer. On passe d'une vision idéalisée à une stratégie concrète. Il ne s'agit pas de décider de tout à ce moment là mais de proposer un temps à chacun pour réfléchir à ce que la vision implique pour son travail ou ses équipes. Certaines de ses idées peuvent ensuite se matérialiser sous forme de projets, d'autres non, ce sont les salariés qui décident.

LA STRATÉGIE

Une fois que la vision est clairement définie, chacun est en mesure de mettre en place sa propre stratégie. La mise en place de la stratégie passe donc principalement par deux éléments : la définition d'objectifs et l'allocation de moyens. Nous avons déjà traité de la partie "objectifs" dans le chapitre sur la gestion de projet. Chaque personne se fixe ses objectifs en fonction de son environnement et de ses projets. L'allocation de moyens (temps et argent) a déjà été évoquée dans les parties sur l'engagement ou les achats. On voit donc au final que la stratégie est bien un aspect qui se retrouve chaque jour dans les prises de décisions des salariés. Ce n'est pas un objet abstrait imposé par une direction omnisciente, mais une somme de stratégies individuelles et collectives (au sein des équipes).

On peut se demander alors comment peuvent émerger de grands projets stratégiques pour l'entreprise si la stratégie se résume à de "petites" décisions au jour le jour. Dans l'Organisation Z ces grands projets, potentiellement risqués, sont lancés directement par les salariés et les équipes. Une fois la confiance établie les salariés n'hésitent pas à lancer des projets ambitieux et à prendre des risques si cela peut les rapprocher de la vision de l'entreprise. Pour que ce fonctionnement organique de la stratégie fonctionne bien, il faut entretenir une culture propice à la prise d'initiative. Il faut ainsi garder une grande tolérance à l'erreur, qui permet de prendre des risques et de se lancer dans des projets ambitieux. Chaque équipe qui se monte autour d'une idée est responsable de son projet et en complète maîtrise de sa stratégie. Cela permet de s'adapter rapidement même avec un projet d'envergure.

L'évolution du succès ou de l'échec des différentes équipes donne ensuite la trajectoire générale de l'entreprise. Certaines prises d'initiatives réussissent et fédèrent autour d'elles de nouvelles personnes, quand d'autres échouent et finissent par ne plus rassembler personne. C'est dans cette succession de projets que sont sélectionnées les meilleures idées et les évolutions les plus intéressantes pour l'entreprise. Rien n'est piloté à l'avance.

L'ACTIONNARIAT

La problématique de l'actionnariat est indépendante de l'organisation mise en oeuvre dans l'entreprise. Il est bien sûr nécessaire que les actionnaires (dirigeants, salariés ou investisseurs) soient bien en accord avec la démarche de transformation de l'entreprise. Il faut aussi qu'ils comprennent bien que la décision de répartition des bénéfices doit, comme toutes les décisions, revenir à l'ensemble des salariés. Une des solutions qui paraît les plus sûres pour garder un actionnariat le moins enclin à intervenir dans la vie de l'entreprise est de supprimer toute forme de dividendes spécifiques aux actionnaires. Cela peut paraître surprenant, mais de nombreuses sociétés ne versent pas de dividendes (Apple à l'époque de Steve Jobs est un exemple connu) et concentrent leurs profits sur d'autres usages plus utiles à moyen et long termes. Dans l'Organisation Z les intérêts de ceux qui possèdent l'entreprise ne doit pas prendre le pas sur l'intérêt de ceux qui y travaillent.

ACHATS ET INVESTISSEMENTS

Dans l'Organisation Z tout le monde peut réaliser des achats et des investissements pour l'entreprise. Chacun peut acheter ou investir librement à partir du moment où il a suivi le processus de prise de décision. Une personne qui souhaite acheter un bien ou un service pour avancer dans un de ses projets n'a pas besoin d'une autorisation spéciale pour le faire. A partir du moment où elle a consulté les personnes impactées par sa décision et les experts du domaine, elle peut décider de manière autonome de ses dépenses. Le montant engagé va bien sûr influer sur le nombre de personnes à inclure dans la prise de décision. Acheter un stylo peut se faire seul, investir un million d'euros pour lancer un nouveau projet va nécessiter un peu plus de discussions.

Bien évidemment pour pouvoir prendre une décision qui engage l'entreprise, il faut avoir accès à ses informations financières. C'est pourquoi les comptes de l'entreprise sont ouverts à tous et transparents. Chacun peut se renseigner sur la situation financière et ainsi être en mesure de prendre les bonnes décisions. Il ne suffit pas simplement d'avoir un accès aux comptes, il faut aussi pouvoir les comprendre et anticiper au mieux leurs évolutions pour que cela soit efficace.

LES FINANCES DE L'ENTREPRISE

Comme expliqué ci-dessus, l'accès aux informations sur la situation financière est très important pour que chaque salarié puisse réaliser des achats de manière éclairée. C'est pourquoi une série de documents et de formations qui permettent de s'y retrouver doivent être mis en place. Dans un premier temps, il faut donner un accès aux données brutes de l'entreprise comme les relevés bancaires ou la comptabilité. Globalement les salariés peuvent accéder à toutes les recettes et dépenses de l'entreprise et ainsi avoir une information détaillée et transparente.

Bien évidemment ces informations brutes ne sont pas facilement interprétables pour des novices de la comptabilité, c'est pourquoi ils sont partagés au travers de deux outils : un tableau de bord avec des indicateurs sur la situation financière et un tableau prévisionnel qui présente de manière aussi précise que possible les dépenses et rentrées d'argent prévues dans les mois à venir. Ces outils sont des tableaux partagés et accessibles à tous, afin que chacun puisse les consulter, les commenter et les améliorer. Chaque équipe peut venir les mettre à jour par rapport à son projet. Il faut essayer de les garder autant à jour que possible car ils jouent un grand rôle dans la prise de décisions des salariés.

Bien évidemment ces documents nécessitent un certain niveau de connaissance afin d'être compris, c'est pourquoi l'entreprise propose une formation interne sur le sujet pour les salariés qui seraient intéressés. Ces formations couvrent les bases de la comptabilité mais aussi des notions de risques et de stratégie d'entreprise. Elles ont pour but de donner les moyens à certains salariés qui le souhaitent de prendre des décisions d'envergure pour l'entreprise.

RÉALISER DES DÉPENSES

Chacun peut donc engager les dépenses qu'il souhaite pour l'entreprise. Il est évident qu'en fonction du montant de la dépense le processus ne va pas être exactement le même. Les achats sont segmentés en trois catégories. Les dépenses courantes, les dépenses projets et les investissements. Dans tous les cas, c'est la personne qui engage la dépense qui en est responsable.

Les dépenses courantes de matériel ou de restauration sont entièrement gérées par chaque salarié. Les salariés sont libres de prendre directement la décision par eux-mêmes et d'acheter directement ce dont ils ont besoin. Pour cela ils peuvent effectuer directement des achats quand la carte de paiement est pré-enregistrée, ou payer eux-mêmes et réaliser des notes de frais qui seront automatiquement remboursées. En cas de note de frais, un fichier est accessible par tous dans lequel les salariés inscrivent leurs dépenses et donnent leurs justificatifs.

Lorsqu'une personne doit réaliser un achat dans le cadre d'un projet qui ne soit pas une dépense courante, alors elle doit en discuter avec son équipe (ou, au minimum, quelques personnes de l'équipe). Il est possible que l'équipe se soit fixé un budget de fonctionnement ou des budgets pour telle ou telle partie du projet en cours. Dans ce cas, chaque personne qui engage une dépense est responsable de la cohérence de ses dépenses avec ces budgets. Comme déjà évoqué cela n'est pas obligatoire mais peut permettre aux membres de l'équipe de mieux maîtriser la partie financière de leur projet.

Si un salarié doit engager un gros investissement (plusieurs milliers d'euros) dans le cadre d'un nouveau projet alors le processus de conseil devient plus important. Il est nécessaire d'en parler aux différentes équipes qui peuvent être en relation avec ce nouveau projet, la demande peut-être par exemple formulée dans le cadre d'un point stratégique global qui sera une réunion ad-hoc spécifiquement pour l'occasion. Il ne s'agit pas d'obtenir un consensus ou un "accord" pour lancer cet investissement mais d'être sûr d'avoir recueilli un maximum d'avis sur le sujet.

SALAIRES ET ÉVALUATIONS

La relation à l'argent dans l'Organisation Z est très différente de celle d'une entreprise "traditionnelle". L'argent n'y est pas vu comme un élément de motivation (sans hiérarchie difficile de "monter" dans la grille de salaire) ni de réussite mais comme une des compensations qu'offre l'entreprise pour le travail fourni par le salarié. Cette rémunération s'adapte à la personne (compétences, situation familiale, projets personnels…) ainsi qu'à la valeur ajoutée qu'elle crée pour l'entreprise (participation aux projets). Il faut donc encourager les gens à considérer l'aspect financier de leur travail de la même manière que les autres parties de leur relation avec l'entreprise comme l'engagement ou la vision. Il faut ainsi leur demander d'être capables de mesurer la juste compensation financière de leur investissement dans l'entreprise au regard des informations qui sont à leur disposition.

L'ARGENT COMME ÉLÉMENT DE MOTIVATION POUR LE SALARIÉ.

S'il y a bien une chose qui devrait faire consensus autour de l'argent c'est que plus on est payé plus on est heureux dans son travail. La réalité des études à ce sujet est beaucoup plus contrastée. La première étude intéressante est celle de Timothy Judge[16] (et ses collègues) qui étude le lien entre satisfaction et salaire. Les résultats montrent qu'il n'y a qu'une corrélation extrêmement faible (moins de 2%) entre salaire et satisfaction dans son travail et entre salaire satisfaction par rapport à son salaire. Pour le dire autrement le fait qu'une personne soit "contente" de son salaire n'est en réalité pas lié à son salaire. De même pour la satisfaction au sens large, les 50% les mieux payés ont la même satisfaction dans leur travail que les 50% les moins payés. Le très connu rapport Gallup[17] pointe exactement le même résultat : il n'y a pas de lien entre l'engagement du salarié et son salaire.

---

[16] The relationship between pay and job satisfaction: A meta-analysis of the literature, Journal of Vocational Behavior, Timothy A. Judge, 2010.
[17] voir http://www.well-beingindex.com/

> *De manière encore plus intéressante il a été constaté qu'une récompense extrinsèque (bonus financier par exemple) va diminuer la motivation d'une personne à accomplir une tâche pour laquelle il avait déjà une forte motivation intrinsèque[18]. C'est donc là que réside réellement le danger de lier motivation et argent. Cet effet n'existe que si la personne travaille sur une tâche inintéressante. Si un employé trouve son travail intéressant l'argent n'est pas un élément de motivation. Cela ne veut bien sûr pas dire qu'il ne faut pas rémunérer à leur juste valeur chaque salarié mais cela permet de relativiser l'importance de l'argent dans la motivation d'un salarié. Ce qui peut être plus important est le sentiment d'équité, qui lui est important à prendre en compte.*

Dans l'Organisation Z aucune rémunération variable ou primes annuelles (voir encadré à ce sujet) ne sont distribuées. Comme expliqué plus haut la rémunération est le reflet du profil d'une personne et de son investissement dans la société. Un salaire classique remplit parfaitement ces deux rôles. La motivation doit venir de l'alignement entre les intérêts personnels et les intérêts de l'entreprise pas d'une hypothétique somme d'argent versée en plus d'un salaire.

Le premier élément pour fixer une rémunération est donc le profil (et donc les besoins) du salarié. Le plus simple pour cette partie est de laisser le salarié décider lui même de son salaire. Pour cela il faut lui fournir toutes les informations pertinentes pour qu'il puisse évaluer lui même sa valeur et son niveau de rémunération (salaires des autres salariés, documents de référence …). Il faut ensuite mettre en place des processus permettant de mesurer l'apport d'une personne à l'entreprise. Cela permet automatiquement de distribuer des augmentations en fonction de l'implication et du travail de chacun. Pour cela un processus d'évaluation qui se déroule une fois par an permet de réévaluer (uniquement à la hausse) les salaires des salariés.

Afin d'aider à réguler les salaires, les performances individuelles sont mesurées sur le principe de l'évaluation par les pairs, ils sont les meilleurs juges pour estimer la valeur individuelle (à l'image des publications

---

[18] Pervasive negative effects of rewards on intrinsic motivation: The myth continues, Association for Behavior Analysis International, Judy Cameron, Katherine M. Banko, W. David Pierce, 2001

scientifiques qui sont évaluées par la communauté scientifique elle même). L'autre solution aurait été d'utiliser l'auto-évaluation mais celle-ci a tendance à tirer les résultats vers le bas (les salariés dévaluant naturellement leur travail[19]). L'objectif de cette évaluation est donc d'augmenter les salaires de chacun pour d'une part suivre l'évolution du coût de la vie, et d'autre part, ajuster le salaire de chacun par rapport à la valeur réelle qu'il apporte à l'entreprise. L'objectif étant d'être le plus équitable possible dans leur rémunération. Ce processus est le plus complexe de l'Organisation Z et nécessite quelques itérations avant d'être complétement maitrisé.

CONCRÈTEMENT

Dans l'Organisation Z les salaires sont fixés par les salariés eux-mêmes à leur embauche. Ils peuvent ensuite être changés de deux manières. La première c'est quand le salarié décide de changer son salaire lui même (dans les faits cela arrive rarement sauf si la personne change drastiquement son investissement dans la société, comme un passage à mi-temps par exemple). La seconde c'est par le processus d'évaluations qui a lieu une fois par an. C'est surtout de cette manière que les rémunérations augmentent. Nous nous sommes inspirés de ce qu'ont réalisé d'autres entreprises (Valve notamment) pour créer ces principes.

FIXER SA RÉMUNÉRATION À L'EMBAUCHE

La première étape consiste donc à définir son salaire pour la toute première fois lors de son embauche. Lorsqu'un candidat est reçu il doit proposer une rémunération qui lui semble cohérente avec son niveau et son rôle principal au moment de l'entretien équipe (voir processus de recrutement). Les personnes qui le reçoivent en entretien doivent ensuite se mettre d'accord avec lui sur sa rémunération finale en partant

---

[19] Voir notamment cette étude de Tara L. Crowell : *Student Self Grading : Perception vs. Reality* dans laquelle des étudiants doivent s'auto-évaluer. 66% se donnent des notes moins bonnes que celle du professeur.

de cette base. Il n'y a pas de méthode infaillible pour choisir son salaire mais cela passe toujours par une discussion entre l'équipe et le candidat. Il faut donner un maximum d'informations pour faire le bon choix, notamment la liste de tous les salaires de l'entreprise et des documents de référence comme des études sur les salaires dans l'industrie ou de la zone géographique. Une fois ce salaire fixé, il sera actif jusqu'à la prochaine vague d'évaluation ou jusqu'à ce que le salarié décide de le changer.

CHANGER SON SALAIRE

Dans l'Organisation Z, chaque salarié est responsable de sa rémunération au même titre que de tous les autres aspects de son travail. Chacun peut ainsi choisir de changer son salaire en suivant le processus de prise de décision classique de l'entreprise. Dans les faits, cette décision de changer son salaire est souvent le fruit d'un changement important dans la vie d'une personne (déménagement, enfants, engagement dans une autre structure, vacances prolongées etc…). Un salarié peut donc décider de baisser ou d'augmenter son salaire en fonction de ces changements, en ayant pris le conseil des membres de ses équipes et de personnes expertes dans le sujet. Le nouveau salaire sera alors appliqué dès le mois suivant. Dans la plupart des cas, les employés se contentent du système d'évaluation pour ajuster leur salaire, et le recours au changement de salaire de manière autonome est très rare.

LES ÉVALUATIONS

Des périodes d'évaluation sont donc organisées annuellement pour calculer les augmentations de chacun en fonction de leur "apport" à l'entreprise. Avant de voir ce qui est mis derrière le mot apport, voici comment se déroule le processus.

Il se décompose en plusieurs étapes sur plusieurs jours :
1. Une personne est désignée observateur du processus.

2. Une ou plusieurs équipes d'évaluation de trois personnes est tirée au sort pour mener à bien les évaluations (une équipe de trois pour trente salariés maximum) : les jurys.

3. Chaque salarié fournit à l'observateur une liste confidentielle de 5 personnes avec lesquelles il ou elle a travaillé au cours de l'année (liste classée par quantité d'interactions).

4. Ces listes sont réunies et traitées pour désigner trois personnes (parmi la liste des cinq fournies) pour évaluer chaque salarié. L'observateur transmet ensuite à chacun la liste des personnes à évaluer et la fiche d'évaluation (voir plus loin) à compléter.

5. Les salariés complètent la fiche d'évaluation pour chaque personne qu'ils ont à évaluer.

6. Le jury se réunit (généralement sur une journée complète) et reçoit individuellement chaque salarié qui vient présenter ses fiches d'évaluation. Le jury récolte ensuite les fiches d'évaluations et les remet à l'observateur.

7. L'observateur inscrit ensuite la note totale de chacun dans un logiciel afin de calculer automatiquement les augmentations. Il communique enfin les résultats de l'ensemble des augmentations avec les nouveaux salaires de chaque salarié.

L'ensemble de ce processus prend environ une semaine et mobilise chaque salarié environ une demie journée, sauf pour les membres des jurys et l'observateur qui sont mobilisés environ deux ou trois jours. Voici plus en détail les rôles et documents de ce processus :

Le rôle de l'observateur

Il ou elle est en charge de veiller à ce que le processus soit bien respecté, et peut assister aux compte rendus d'évaluations si besoin. Il est également là pour centraliser les informations relatives au processus et communiquer celles qui sont utiles aux salariés. Ce rôle peut être confié à un des fondateurs de la société ou à une autre personne qui fait consensus sur sa maîtrise du processus. A l'issue du processus, les fiches d'évaluation sont recueillies par l'observateur. C'est également lui qui va communiquer les résultats du processus à l'ensemble des salariés et proposer un compte rendu de la session pour éventuellement améliorer le processus.

Le rôle des jurys

Les groupes de trois personnes (appelé jurys) ont plusieurs rôles au cours de ce processus. Un minimum d'un an d'ancienneté est requis pour les intégrer, car il faut avoir soi-même déjà participé à au moins une session d'évaluation. La composition des jurys est tirée au sort pour chaque groupe de trente personnes. Cela peut se faire avec un algorithme ou tout simplement de façon manuelle. Au delà de trente personnes suivies par jury, le processus devient beaucoup trop chrono-phage pour les personnes tirées au sort.

Le principal rôle du jury est de donner un cadre plus formel à ce processus en recevant chaque salarié et en discutant des notes qu'il ou elle a attribuées. Il pousse les salariés à vraiment prendre le temps de faire leur évaluation avec le plus grand soin possible. Les jurys reçoivent un par un les salariés qui doivent leur présenter les évaluations de leur trois collègues. L'objectif du jury lors de cette présentation est de discuter avec le salarié sur la notation afin de s'assurer qu'elle a été faite de manière la plus éclairée et juste possible. Ils ne sont pas là pour influencer la note (il y a toutes les chances qu'ils ne connaissent pas eux même le salarié évalué) mais simplement pour aider à ce qu'elle soit fixée le mieux possible et qu'elle corresponde aux référentiels de notation définis collectivement.

Les salariés

Le principal rôle des salariés dans ce processus est donc d'évaluer leurs pairs. Pour cela ils doivent maîtriser les outils mis à leur disposition pour bien connaître le travail du salarié évalué et les règles du processus d'évaluation. Ils ont à leur disposition pour les aider plusieurs outils :

- Les modes d'emploi du processus d'évaluation
- Les jurys qui sont là pour les conseiller si besoin
- Une formation dédiée à ce processus donnée à tous les nouveaux arrivants lors de leur première participation
- L'outil des feedback qui permet de voir ce qu'a effectué le salarié dans l'année écoulée
- Ses collègues. Ce sont généralement les collaborateurs qui travaillent dans les mêmes équipes qui connaissent le mieux la personne à évaluer. Il ne faut donc pas hésiter à les questionner.

Chaque salarié se voit donc affecter en moyenne trois collègues à évaluer au moyen d'une fiche d'évaluation standardisée qu'ils doivent remplir. Ils doivent indiquer les notes sur les quatre critères de cette fiche (voir plus loin). Pour ce faire ils ont à leur disposition un référentiel qui présente précisément ce que chaque critère mesure. Il est également conseillé de bien se renseigner sur la personne évaluée pour faire une bonne évaluation.

Les évaluateurs ne peuvent pas arriver devant le jury sans avoir complété la fiche avec attention. Ils vont devoir "défendre" leurs notes devant le jury et ils doivent être capables d'argumenter leurs décisions. Pour savoir si l'évaluation d'un critère est bonne, l'évaluateur doit être capable de citer des exemples précis et de détailler ce qu'il a pris en compte pour sa note.

La fiche d'évaluation

La fiche standardisée permet de mesurer les performances de chacun selon quatre critères. Ces critères représentent ce que peut apporter un salarié à l'entreprise. Ce sont ceux pour lesquels le salarié reçoit une compensation financière.

Les deux premiers critères reposent sur le rôle principal d'un employé :

Niveau d'expertise

C'est le critère de base de l'évaluation. Il s'agit de mesurer le niveau de compétences d'un employé dans sa discipline principale. Est-il débutant ? A-t-il encore besoin d'être aidé ? Est-il autonome ? Peut-il apporter son aide aux autres employés ? Est-il le seul à pouvoir résoudre certains problèmes dans l'entreprise, dans l'industrie, dans le monde ? Ce critère donne une note de base à laquelle viennent s'ajouter les points obtenus dans les autres catégories.

Productivité

La Productivité n'est pas liée au nombre d'heures travaillées mais à la capacité à produire des choses utiles et avec une valeur ajoutée pour l'équipe et pour l'entreprise dans son ensemble, dans son domaine d'expertise. Il s'agit ici de mesurer la valeur des productions de l'employé dans son domaine principal d'expertise au sein de ses équipes. C'est normalement ce qui constitue la grande majorité de son activité au jour le jour.

Les deux derniers critères de contribution mesurent l'aptitude d'une personne à contribuer au delà de son domaine de prédilection ou de ses projets :

Contribution Société

La Contribution Société mesure la participation de chacun à la vie de l'entreprise dans son ensemble. Elle regroupe deux grands aspects. Le premier est la contribution de l'employé à la société (aux autres projets que les siens) dans son domaine d'expertise (transmission de savoir, documentations, aide...). Le deuxième est la contribution de l'employé à l'entreprise en tant que société (recrutement, bien être au bureau, stratégie, ...).

Contribution Projets

La Contribution Projets mesure la participation sur les projets hors de son domaine principal d'expertise. Il ne s'agit pas seulement de sortir de son domaine (un juriste qui va dessiner un nouveau logo par exemple) mais aussi de bien prendre en compte et maîtriser le travail de ses collègues. Est-il capable d'anticiper l'impact de ses décisions sur le projet dans son ensemble ou dans un autre domaine que le sien ? A-t-il une compréhension globale du projet et de ses enjeux. Sait-il où en sont ses collègues sur le projet ? Peut-il les aider ?

Schéma des critères d'évaluation (hors expertise) :

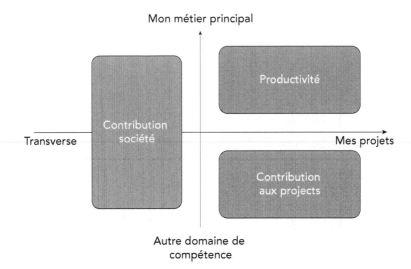

La maîtrise de ces critères n'est pas toujours aisée pour chaque salarié. C'est pourquoi le rôle du jury est primordial dans l'attribution des notes. Il va pouvoir aider l'évaluateur à bien savoir si une contribution est plutôt dans telle ou telle catégorie et à mesurer sa vraie valeur ajoutée pour la société. La note totale du salarié est donc la somme des notes obtenues sur ces 4 critères.

Le calcul des augmentations

Une fois toutes les notes (trois par salarié) récupérées par l'observateur, elles sont entrées dans un logiciel. Les augmentations sont ensuite calculées par un processus automatisé basé sur le principe suivant : plus la note d'un salarié est proche de la note maximale possible plus son salaire se rapproche rapidement du salaire maximal possible. L'algorithme calcule un salaire théorique en se basant sur la note obtenue par le candidat et le salaire maximum. Ce salaire théorique est ensuite comparé au salaire actuel. Il déduit ensuite une augmentation grâce à cet écart. Deux critères sont donc nécessaires pour les calculer : la note maximale et le salaire maximal.

La note maximale est simplement déterminée en ajoutant les points maximaux de chaque catégorie de notation (par exemple 40 si il y a 4 critères notés sur 10). Le salaire maximal est commun à tous les salariés et a été déterminé sur la base des informations disponibles au début du processus d'évaluation par l'observateur. Dans les faits il ne change que très peu d'année en année (en suivant l'inflation) après avoir été fixé au lancement de l'entreprise. Personne ne touche réellement ce salaire (il faudrait avoir la note maximale partout, ce qui est impossible), il sert simplement pour le calcul des augmentations.

Transparence du processus

On pourrait s'attendre à ce que ce processus, comme l'ensemble des processus de l'entreprise, soit complètement transparent pour les salariés. Ce n'est pas le cas. Tout ce qui est échangé durant les évaluations est confidentiel. Les salariés ne peuvent pas identifier précisément leurs évaluateurs (trois personnes parmi les cinq proposées) ni connaître les notes qu'ils ont obtenues ou les notes des autres salariés. Seul l'observateur a ces informations en sa possession (et les jurys pour les salariés de leur groupe). Cette absence de transparence existe pour deux raisons.

La première c'est qu'il ne faut pas que les salariés agissent en fonction de leurs notes. Comme évoqué précédemment leur salaire est une récompense du travail accompli mais pas une source de motivation. En connaissant leurs notes certains pourraient être tentés d'aller chercher "quelques points faciles" pour les augmenter artificiellement sans réelle motivation. La seconde raison est qu'il est très inconfortable d'avoir accès aux notes. Les personnes se mettent alors, presque par réflexe, à établir des classements entre salariés selon telle ou telle note et à en déduire qu'un tel est meilleur ou "plus utile" qu'un tel. Cela nuit profondément à l'ambiance de l'entreprise et donne une importance énorme à ces notes qui ne sont que des outils. Cette confidentialité permet également d'éviter tout phénomène de "copinage" entre les salariés.

EST-CE QUE TOUT LE MONDE EST ÉVALUÉ ?

L'ensemble des salariés ayant à minima 3 mois d'ancienneté est concerné par ce processus. Si l'embauche est inférieure à 3 mois, l'évaluation aura lieu l'année suivante.

QUE FAIRE SI UN EMPLOYÉ CONSIDÈRE QUE QUELQU'UN EST TROP PAYÉ ?

C'est un conflit qu'il est possible de résoudre en utilisant le processus de résolution des conflits.

CONCLUSION

Nous avons souhaité donner dans cet ouvrage de nombreuses clés et outils pratiques pour évoluer vers un modèle d'organisation en adéquation avec notre temps. Si la lecture vous a donné l'envie d'y réfléchir sérieusement et de vous lancer dans l'aventure, nous vous y encourageons ! Nous sommes intimement convaincus que l'Organisation Z peut s'adapter à toutes les entreprises, associations, clubs… mais nous sommes également convaincus que la mise en oeuvre ne s'improvise pas, requiert du temps et beaucoup d'énergie.

Voici quelques conseils pour ceux qui souhaitent se lancer. Nous vous recommandons dans un premier temps d'échanger avec des dirigeants qui ont déjà mis en place une organisation similaire. Ce retour d'expérience vous permettra de mieux comprendre et percevoir les changements profonds de ce modèle. N'hésitez pas non plus à rencontrer d'autres personnes qui souhaitent également rentrer dans cette démarche de libération, et partager vos doutes ou vos questionnements.

Dans un second temps, une fois que vous avez fait mûrir ce projet et que vous avez l'intime conviction que c'est l'organisation qui vous correspond, vous pouvez partager votre conviction à un premier cercle de personnes de confiance au sein de l'entreprise. Ce sont généralement des collègues proches qui ont un bon niveau d'écoute et avec lesquels vous pourrez discuter et prendre du recul sur la situation. L'échange avec ces personnes vous permettra de vous poser les bonnes questions, de préparer au mieux le terrain en amont. Ce n'est qu'une fois que vous avez convaincu ce premier cercle de personnes que vous pourrez sereinement démarrer. Il faut éviter au maximum un effet d'annonce prématuré auprès des équipes. Un changement d'organisation profond va forcément générer beaucoup d'attentes sur une partie des équipes et quelques craintes sur les autres. Les premiers risquent d'être frustrés si les évolutions ne sont pas rapides, quant aux autres ils essaieront au maximum de freiner ce changement. Il est important d'avoir un plan de transformation clair et honnête pour tout le monde dès le début.

Il y a également quelques étapes plus difficiles dans la mise en oeuvre de notre modèle. Empiriquement, entre dix et vingt pourcents des salariés ont du mal à s'adapter à ce changement ; ce n'est pas une statistique mesurée avec précision mais un constat observé dans plusieurs entreprises ayant mis en oeuvre une organisation similaire. Les principales personnes concernées sont d'un côté des salariés effrayés par l'autonomie ou la prise de responsabilité et qui ont donc besoin d'être très encadrés pour se sentir en confiance, de l'autre des personnes refusant de perdre leur pouvoir hiérarchique ou leur rôle de "chef" dans l'entreprise. Dans ce dernier cas on retrouve souvent des managers qui, dans l'Organisation Z, doivent potentiellement se réinventer pour trouver une activité au service de la société. D'une entreprise à l'autre les proportions varient beaucoup en fonction de l'accompagnement dans la transition vers ce nouveau modèle et du type de profils présents.

Mais les aléas sont très largement contrebalancés par des impacts positifs profonds au sein de l'entreprise et des bénéfices innombrables : la motivation intrinsèque de chacun, la performance collective, la suppression d'un grand nombre de contraintes et surtout des relations entre collègues beaucoup plus sincères et apaisées. Pour le dirigeant, l'Organisation Z permet de partager les responsabilités avec tous. Cela retire un poids considérable des épaules du "chef" d'entreprise. Même si sur le plan juridique et administratif le dirigeant est souvent nommé responsable de son entreprise, d'un point de vue moral, le pouvoir étant partagé, les responsabilités le sont également. Les réussites et les échecs sont donc vécus collectivement, ce qui renforce le groupe. Autre point important, le dirigeant n'est plus perçu comme le "patron" qui est parfois vu comme s'opposant aux salariés, mais comme un homme/une femme qui partage et construit son projet avec son équipe. L'Organisation Z lui permet également d'aligner son rôle et son travail avec ses convictions et ses envies.

Pour les salariés, l'Organisation Z modifie forcément leurs rapports avec leur ancienne hiérarchie, mais plus significativement leurs rapports entre eux. Le dialogue est plus facile, plus ouvert et plus transparent. La collaboration se fait donc naturellement dans les équipes. La fin du contrôle et l'acceptation du droit à l'erreur permet de renforcer la confiance en soi. Autre aspect essentiel, le partage et la libre circulation des informations permet une meilleure compréhension des enjeux de l'entreprise. Les individus sont beaucoup plus autonomes et se sentent donc responsabilisés, ce qui renforce la conscience professionnelle de chacun. Dans l'Organisation Z, tout le monde a un rôle important à jouer. Sur le plan personnel, les salariés sont maîtres de leur parcours professionnel. Avec la souplesse des horaires, des congés, des modes de travail, ils peuvent trouver l'équilibre entre leur vie professionnelle et leur vie privée. Chacun peut alors trouver sa place dans l'entreprise pour oeuvrer au service du collectif. Cette liberté retrouvée dans son travail donne la possibilité de s'accomplir et, en s'accomplissant, ils peuvent donner le meilleur d'eux-mêmes et participer à la réussite de l'entreprise.

Concrètement les bénéfices de l'Organisation Z sont principalement visibles au travers de quelques aspects clés de l'entreprise. Le premier c'est la multiplication des prises d'initiatives en dehors du domaine d'activité principal des salariés. C'est souvent le premier effet perçu lorsque les salariés s'emparent réellement de leur autonomie. Ils prennent des initiatives et plus spécifiquement des initiatives dans des domaines dans lesquels on ne les attend pas forcément. Le deuxième effet concret c'est la fin des complaintes. Dans l'Organisation Z chaque salarié peut trouver des solutions à ce qui, selon lui, ne fonctionne pas correctement. Il n'est plus possible de simplement se plaindre, il faut agir. On n'entend plus les "Ce n'est pas à moi de le faire" ou "j'avais dit que ça ne marcherait pas" , "c'est de la faute d'un tel …" etc.

L'autre effet extrêmement positif pour une entreprise aujourd'hui c'est sa capacité à attirer les talents grâce à son modèle d'organisation. Comme nous l'avons évoqué en introduction, l'Organisation Z est particulièrement adaptée aux nouvelles générations. C'est un argument de poids lors d'un recrutement. Réussir à faire venir des talents dans son entreprise est le principal ingrédient d'une entreprise pérenne et prête à affronter les incertitudes de l'avenir.

BIBLIOGRAPHIE

Laloux F. Reinventing organizations, Vers des communautés de travail inspirées. 2015

Carney BM, Getz I. Liberté & Cie, Quand la liberté des salariés fait le bonheur des entreprises. 2012.

Ouchi W. Theory Z, Avon Books, 1981

Zobrist J. La belle histoire de Favi : l'entreprise qui croit que l'homme est bon Tome 1; 2014.

Bakke D. The Decision Maker, Unlock the Potential of Everyone in Your Organization, One Decision at a Time. Pear Press; 2013.

Robertson BJ. Holacracy, The New Management System for a Rapidly Changing World. Macmillan; 2015.

Kirkpatrick D. Beyond Empowerment, The Age of the Self-Managed Organization. 2011.

Rosenberg MB. Non Violent Communication. Nonviolent Communication Guide; 2015.

Printed in Great Britain
by Amazon